KB086835

#내신 대비서
#고득점 예약하기

영어전략

Chunjae
Makes
Chunjae

▼

[영어전략] 중학 3 어휘

편집개발 이정아, 안유경, 윤현정, 김다해
영문 교열 Matthew D. Gunderman, Ryan Paul Lagace
제작 황성진, 조규영
디자인총괄 김희정
표지디자인 윤순미, 장미
내지디자인 신정원, 디자인 톡톡

발행일 2022년 8월 15일 초판 2022년 8월 15일 1쇄
발행인 (주)천재교육
주소 서울시 금천구 가산로9길 54
신고번호 제2001-000018호
고객센터 1577-0902
교재 내용문의 (02)3282-8870

※ 이 책은 저작권법에 보호받는 저작물이므로 무단복제, 전송은 법으로 금지되어 있습니다.
※ 정답 분실 시에는 천재교육 교재 홈페이지에서 내려받으세요.

어휘

영어전략
중학 3
BOOK 1

이 책의 구성과 활용

이 책은 3권으로 이루어져 있는데
본책인 BOOK1, 2의 구성은 아래와 같아.

주 도입

재미있는 만화를 통해 한 주 동안 학습할 내용이 무엇
인지 미리 살펴봅니다.

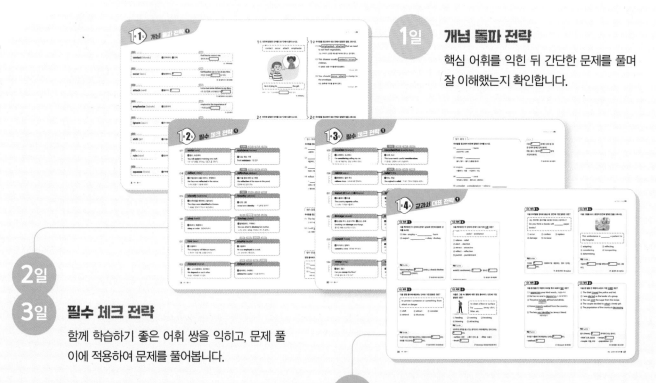

1일 개념 돌파 전략

핵심 어휘를 익힌 뒤 간단한 문제를 풀며
잘 이해했는지 확인합니다.

2일
3일 필수 체크 전략

함께 학습하기 좋은 어휘 쌍을 익히고, 문제 풀
이에 적용하여 문제를 풀어봅니다.

4일 교과서 대표 전략

내신 기출 문제의 대표 유형을 풀어 보며 실제 학교 시험
유형을 익힙니다.

부록　시험에 잘 나오는 개념 BOOK

부록은 뜯어서 미니북으로 활용하세요!
시험 전에 개념을 확실하게 짚어 주세요.

주 마무리와 권 마무리의 특별 코너들로
영어 실력이 더 탄탄해질 거야!

주 마무리 코너

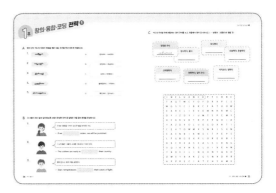

누구나 합격 전략

쉬운 문제를 풀며 앞서 학습한 내용을 정리하고 학습
자신감을 높입니다.

창의·융합·코딩 전략

융복합적 사고력과 문제 해결력을 키울 수 있는 재미
있는 문제를 풀며 한 주의 학습을 마무리합니다.

권 마무리 코너

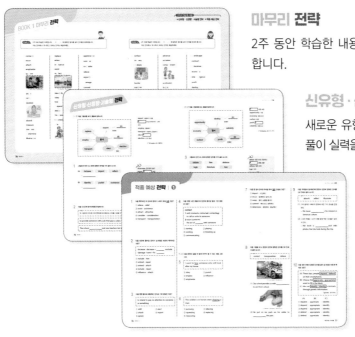

마무리 전략

2주 동안 학습한 내용을 한눈에 정리하며 어휘를 총정리
합니다.

신유형·신경향·서술형 전략

새로운 유형의 다양한 서술형 문제를 풀며 문제
풀이 실력을 키웁니다.

적중 예상 전략

예상 문제를 풀며 실제 학교 시험에
대비합니다.

이 책의 차례

BOOK **②**

동사 1

그림을 보고, 단어의 의미를 추측해 보세요.

❶ ignore 무시하다

❷ fix 수리하다, 고치다

❸ omit 빠뜨리다, 생략하다

❹ obey 따르다, 복종하다

001 ☐☐☐

contact [kántækt] 　⑧ 연락하다 　⑨ 연락

Quiz

Feel free to **contact** me.
편하게 제게 ☐☐☐☐☐ .

답 연락하세요

002 ☐☐☐

occur [əkə́:r] 　⑧ 발생하다, **❶** ☐☐☐☐

Quiz

Earthquakes can **occur** at any time.
지진은 언제든 **❷** ☐☐☐☐ 수 있다.

답 ❶ 일어나다 ❷ 발생할

003 ☐☐☐

attach [ətǽtʃ] 　⑧ 붙이다, **❶** ☐☐☐☐

Quiz

I **attached** some stickers to my diary.
나는 일기장에 스티커를 몇 개 **❷** ☐☐☐☐ .

답 ❶ 첨부하다 ❷ 붙였다

004 ☐☐☐

emphasize [émfəsàiz] 　⑧ 강조하다

Quiz

emphasize the importance of
~의 중요성을 ☐☐☐☐

답 강조하다

005 ☐☐☐

ignore [ignɔ́:r] 　⑧ 무시하다

Quiz

You should not **ignore** the advice.
너는 그 충고를 ☐☐☐☐ 안 된다.

답 무시해서는

006 ☐☐☐

shift [ʃift] 　⑧ 이동하다, 옮기다 　⑨ **❶** ☐☐☐☐

Quiz

He **shifted** his bed.
그는 자신의 침대를 **❷** ☐☐☐☐ .

답 ❶ 변화 ❷ 옮겼다

007 ☐☐☐

ruin [rú:in] 　⑧ 망치다, 파괴하다 　⑨ (-s) 잔해, 폐허

Quiz

The war **ruined** the whole country.
그 전쟁은 나라 전체를 ☐☐☐☐ .

답 파괴했다

008 ☐☐☐

squeeze [skwi:z] 　⑧ (액체 등을) 짜다, 짜내다

Quiz

squeeze the juice from the grapes
포도에서 과즙을 ☐☐☐☐

답 짜내다

1-1 빈칸에 알맞은 단어를 〈보기〉에서 골라 쓰시오.

┌ 보기 ┐
contact   occur   attach   emphasize

He is trying to _____ the girl.

해석 | 그는 그 소녀에게 [   ] 하고 있다.

📋 연락하려고

1-2 우리말을 참고하여 네모 안에서 알맞은 말을 고르시오.

(1) He emphasized / attached that we need to eat fresh vegetables.

그는 우리가 신선한 채소를 먹어야 한다고 강조했다.

(2) This disease usually contacts / occurs in children.

이 질병은 보통 아이들에게 발생한다.

*disease 질병

(3) You should occur / attach a stamp to the envelope.

너는 봉투에 우표를 붙여야 한다.

*envelope 봉투

2-1 빈칸에 알맞은 단어를 〈보기〉에서 골라 쓰시오.

┌ 보기 ┐
ignore   shift   ruin   squeeze

The girl had to _____ the water from a wet towel.

해석 | 소녀는 젖은 수건에서 물을 [   ] 했다.

📋 짜내야

2-2 우리말을 참고하여 네모 안에서 알맞은 말을 고르시오.

(1) He ignored / ruined my question and kept on walking.

그는 내 질문을 무시하고 계속 걸었다.

(2) Will you help me to squeeze / shift this table?

제가 이 탁자를 옮기는 것을 도와주시겠어요?

(3) The bad weather ruined / shifted my plans for this weekend.

나쁜 날씨가 나의 이번 주말 계획을 망쳐놓았다.

009 ☐☐☐

absorb [æbsɔ́ːrb]   동 흡수하다, ❶ ☐

> Quiz
> Plant roots **absorb** water.
> 식물의 뿌리는 물을 ❷ ☐.

> 답 ❶ 빨아들이다 ❷ 흡수한다

010 ☐☐☐

measure [méʒər]   동 측정하다, 재다

> Quiz
> **measure** the speed
> 속도를 ☐

> 답 측정하다(재다)

011 ☐☐☐

confess [kənfés]   동 자백하다; ❶ ☐

> Quiz
> He **confessed** to his crime.
> 그는 자신의 범행을 ❷ ☐.

> 답 ❶ 인정하다 ❷ 자백했다

012 ☐☐☐

determine [ditə́ːrmin]   동 결정하다; 결심하다

> Quiz
> Eating habits **determine** our health.
> 식습관은 우리의 건강을 ☐.

> 답 결정한다

013 ☐☐☐

illustrate [íləstrèit]   동 삽화를 넣다; (예를 들어) 설명하다

> Quiz
> Every page is **illustrated** beautifully.
> 페이지마다 아름답게 ☐ 있다.

> 답 삽화가 들어

014 ☐☐☐

replace [ripléis]   동 대신(대체) 하다; ❶ ☐

> Quiz
> A new system will **replace** the old one.
> 새로운 체제가 기존 체제를 ❷ ☐ 것이다.

> 답 ❶ 교체하다 ❷ 대신할

015 ☐☐☐

extend [iksténd]   동 연장하다; (팔 등을) 뻗다

> Quiz
> **extend** the deadline
> 기한을 ☐

> 답 연장하다

016 ☐☐☐

influence [ínfluəns]   동 영향을 주다 명 영향(력)

> Quiz
> The speech **influenced** many people.
> 그 연설은 많은 사람들에게 ☐.

> 답 영향을 주었다

3-1 빈칸에 알맞은 단어를 〈보기〉에서 골라 쓰시오.

┌ 보기 ┐
absorb measure confess determine

You can _____ the height of the table with a ruler.

해석 | 너는 자로 탁자의 높이를 [   ] 수 있다.

📖 잴[측정할]

4-1 빈칸에 알맞은 단어를 〈보기〉에서 골라 쓰시오.

┌ 보기 ┐
illustrate replace extend influence

© DenisNata / Shutterstock

She _____(e)d her hand for a handshake when she first met him.

해석 | 그녀가 그를 처음 만났을 때, 그녀는 악수하기 위해 손을 [   ].

📖 뻗었다

3-2 우리말을 참고하여 네모 안에서 알맞은 말을 고르시오.

(1) You have to measure / confess that you told a lie.

너는 거짓말했다는 것을 자백해야 한다.

(2) These shoes are designed to absorb / determine the shock.

이 신발은 충격을 흡수하도록 설계되었다.

(3) Your future will be determined / confessed by your attitude.

너의 미래는 너의 태도에 의해 결정될 것이다.

*attitude 태도

4-2 우리말을 참고하여 네모 안에서 알맞은 말을 고르시오.

(1) They will illustrate / replace the English textbook.

그들은 영어 교과서에 삽화를 넣을 것이다.

(2) Computer games can extend / influence children's behavior.

컴퓨터 게임은 아이들의 행동에 영향을 미칠 수 있다.

*behavior 행동

(3) The factory replaced / extended its workers with machines.

그 공장은 근로자들을 기계로 대체했다.

*machine 기계

A 영어를 우리말로 쓰기

1. determine _____
2. extend _____
3. shift _____
4. squeeze _____
5. ignore _____
6. measure _____
7. absorb _____
8. attach _____
9. emphasize _____
10. ruin _____
11. confess _____
12. contact _____
13. illustrate _____
14. replace _____
15. occur _____
16. influence _____

B 우리말을 영어로 쓰기

1. 무시하다 _____
2. 발생하다, 일어나다 _____
3. 이동하다, 옮기다; 변화 _____
4. 연락하다; 연락 _____
5. 망치다, 파괴하다; 잔해, 폐허 _____
6. 붙이다, 첨부하다 _____
7. (액체 등을) 짜다, 짜내다 _____
8. 강조하다 _____
9. 자백하다; 인정하다 _____
10. 대신(대체)하다; 교체하다 _____
11. 흡수하다, 빨아들이다 _____
12. 결정하다; 결심하다 _____
13. 영향을 주다; 영향(력) _____
14. 측정하다, 재다 _____
15. 연장하다; (팔 등을) 뻗다 _____
16. 삽화를 넣다; (예를 들어) 설명하다 _____

C 빈칸에 알맞은 단어 고르기

1.

On rainy days, car accidents _____ more often.

① ruin ② shift ③ occur

2.

When you eat pancakes, maple syrup can be _____(e)d with the honey.

① extend ② replace ③ attach

3.

I think this towel _____s sweat very well.

① ignore ② contact ③ absorb

① _____ 비가 오는

car accident 자동차 사고

maple syrup 메이플 시럽

sweat ② _____

圄 ❶ rainy ❷ 땀

D 영영 풀이에 해당하는 단어 고르기

1.

to give special importance to something in speaking or writing

① contact ② measure ③ emphasize

2.

to affect the way that someone thinks or behaves

① attach ② illustrate ③ influence

3.

to admit that you did something wrong or illegal

① confess ② squeeze ③ determine

importance ❶ _____

affect 영향을 미치다

behave 행동하다

❷ _____ 인정하다

illegal 불법의

圄 ❶ 중요성 ❷ admit

017 assist [əsíst]

파생어 반의어 유의어 혼동어

assistance [əsístəns]

图 돕다, 보조하다
You will **assist** in training new staff.
너는 새 직원을 교육하는 것을 도울 것이다.

图 도움, 원조, 지원
food **assistance** 식량 원조

---

018 reflect [riflékt]

파생어 반의어 유의어 혼동어

reflection [riflékʃən]

图 (거울 등에 상을) 비추다; 반영하다
Her face was **reflected** in the mirror.
그녀의 얼굴이 거울에 비쳤다.

图 (거울 등에 비친) 상; 반영
the **reflection** of the moon in the pond
연못에 비친 달의 모습

---

019 identify [aidéntəfài]

파생어 반의어 유의어 혼동어

identity [aidéntəti]

图 (신원 등을) 확인하다, 알아보다
The ships were **identified** as Korean.
그 배들은 한국의 것으로 확인되었다.

图 신원, 신분
reveal one's **identity** ~의 신분을 밝히다

---

020 obey [oubéi]

파생어 반의어 유의어 혼동어

disobey [dìsəbéi]

图 따르다, 복종하다
obey an order 명령에 따르다

图 불복종하다, 거역하다
She was afraid to **disobey** her mother.
그녀는 어머니 말씀을 거역하는 것이 두려웠다.

---

021 hire [haiər]

파생어 반의어 유의어 혼동어

employ [implói]

图 고용하다
The company will **hire** an expert.
그 회사는 전문가를 고용할 것이다.

图 고용하다
He was **employed** as a cook.
그는 요리사로 고용되었다.

---

022 depend [dipénd]

파생어 반의어 유의어 혼동어

defend [difénd]

图 (~ on) 의존하다, 의지하다
We **depend** on each other.
우리는 서로에게 의지한다.

图 방어하다, 수비하다
defend the capital 수도를 방어하다

필수 예제 1

우리말을 참고하여 빈칸에 알맞은 단어를 쓰시오.

(1) _____ – employ

고용하다

(2) _____ – defend

의존하다, 의지하다 – 방어하다, 수비하다

(3) _____ – disobey

따르다, 복종하다 – 불복종하다, 거역하다

(4) reflect : reflection = assist : _____

= _____ : identity

비추다; 반영하다 : 상; 반영 = 돕다, 보조하다 : 도움, 원조, 지원

= 확인하다, 알아보다 : 신원, 신분

Guide

(1)은 ❶ _____ 관계인 단어 쌍,
(3)은 반의어 관계인 단어 쌍이다.
(4)는 동사 – 명사인 ❷ _____ 관계
의 단어 쌍이다.

답 ❶ 유의어 ❷ 파생어

확인 문제 1-1

우리말을 참고하여 밑줄 친 부분이 맞으면 O, 틀리면 ×에 표시하시오.

(1) The baby birds totally <u>defend</u> on their mom. (O / ×)

그 아기 새들은 어미에게 전적으로 의존한다.

(2) I will <u>hire</u> a gardener to plant some flowers. (O / ×)

나는 정원사를 고용해서 꽃을 좀 심을 것이다.

Words

totally 완전히, 전적으로
gardener 정원사
plant (식물을) 심다

확인 문제 1-2

영영 풀이에 해당하는 단어를 주어진 철자로 시작하여 쓰시오.

(1) i_____ : the name of a person, or who someone is

(2) a_____ : to help someone to do something

(3) r_____ : an image that you can see in a mirror or
on a shiny surface

Words

shiny 빛나는, 반짝이는
surface 표면

023 elect [ilékt]
동 선출하다
elect a class president 반장을 선출하다

파생어 반의어 유의어 혼동어
election [ilékʃən]
명 선거; 당선
She won the **election**. 그녀는 선거에서 이겼다.

024 transport [trænspɔ́ːrt]
동 수송하다, 운송하다
transport the goods 상품을 운송하다

파생어 반의어 유의어 혼동어
transportation [trænspərtéiʃən]
명 수송, 운송; 교통수단
the **transportation** costs 운송비

025 increase [inkríːs]
동 증가하다, 늘다
The sales of the product **increased** by 30%.
그 제품의 판매량이 30% 증가했다.

파생어 반의어 유의어 혼동어
decrease [dikríːs]
동 감소하다, 줄다
The number of patients will **decrease**.
환자 수가 줄어들 것이다.

026 fix [fiks]
동 수리하다, 고치다
Can you **fix** this computer?
너는 이 컴퓨터를 고칠 수 있니?

파생어 반의어 유의어 혼동어
repair [ripɛ́ər]
동 수리하다, 고치다
repair a car 자동차를 수리하다

027 appreciate [əpríːʃièit]
동 고마워하다; 진가를 알아보다
I really **appreciate** your advice.
조언해 주셔서 정말 고맙습니다.

파생어 반의어 유의어 혼동어
appropriate [əpróupriət]
형 적절한, 적합한
Choose **appropriate** clothes for the party.
파티에 적절한 옷을 골라라.

028 wonder [wʌ́ndər]
동 궁금하다, 궁금해하다
I **wonder** who the boy is.
나는 그 소년이 누구인지 궁금하다.

파생어 반의어 유의어 혼동어
wander [wándər]
동 거닐다, 돌아다니다
He **wandered** around the city.
그는 도시를 돌아다녔다.

필수 예제 2

우리말을 참고하여 빈칸에 알맞은 단어를 쓰시오.

(1) fix – _____

　　수리하다, 고치다

(2) _____ – decrease

　　증가하다, 늘다 – 감소하다, 줄다

(3) wonder – _____

　　궁금하다, 궁금해하다 – 거닐다, 돌아다니다

(4) _____ – appropriate

　　고마워하다; 진가를 알아보다 – 적절한, 적합한

(5) elect : election = transport : _____

　　선출하다 : 선거; 당선 = 수송하다, 운송하다 : 수송, 운송; 교통수단

Guide

(1)은 유의어 관계인 단어 쌍, (2)는 ❶_____ 관계인 단어 쌍이다.

(5)는 ❷_____ – 명사인 파생어 관계의 단어 쌍이다.

답 ❶ 반의어 ❷ 동사

확인 문제 2-1

우리말을 참고하여 밑줄 친 부분이 맞으면 ○, 틀리면 ×에 표시하시오.

(1) I <u>wonder</u> how he got here so fast. (○ / ×)

　　나는 그가 어떻게 그렇게 빨리 여기에 왔는지 궁금하다.

(2) The number of visitors is <u>decreasing</u>. (○ / ×)

　　방문자의 수가 증가하고 있다.

Words
visitor 방문자, 손님

확인 문제 2-2

영영 풀이에 해당하는 단어를 주어진 철자로 시작하여 쓰시오.

(1) t_____ : to move goods, people, etc. from one place to another in a vehicle

(2) a_____ : right or suited for some purpose or situation

(3) e_____ : to select someone for a position by voting

Words
vehicle 차량, 탈것
suit 알맞다; 어울리다
purpose 목적, 의도
situation 상황
select 선택하다
position 직위
vote 투표하다

1 다음 중 품사가 나머지 넷과 <u>다른</u> 것은?

① employ   ② assist   ③ defend

④ election   ⑤ identify

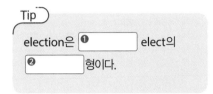

Tip

election은 ❶ [　　　] elect의 ❷ [　　　] 형이다.

답 ❶ 동사 ❷ 명사

2 다음 사진을 보고, 괄호 안에서 알맞은 말을 고르시오.

© Ivmonica / Shutterstock

The clouds in the sky are (reflected / depended) in the lake.

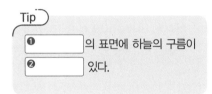

Tip

❶ [　　　] 의 표면에 하늘의 구름이 ❷ [　　　] 있다.

답 ❶ 호수 ❷ 비치고

3 다음 문장의 밑줄 친 단어와 의미가 가장 유사한 것은?

The fences have fallen down. Can you help me to <u>fix</u> them?

① repair   ② wander   ③ disobey

④ decrease   ⑤ transport

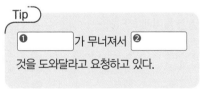

Tip

❶ [　　　] 가 무너져서 ❷ [　　　] 것을 도와달라고 요청하고 있다.

답 ❶ 울타리 ❷ 고치는

Words

fence 울타리

4 다음 우리말을 영어로 바르게 옮긴 학생은?

파티에 초대해 주셔서 정말 고맙습니다.

Tip

동사 ❶ [   ]는 '❷ [   ];
진가를 알아보다'라는 뜻이다.

🖼 ❶ appreciate ❷ 고마워하다

① I really assist your invitation to the party.

② I really defend your invitation to the party.

③ I really wonder your invitation to the party.

④ I really transport your invitation to the party.

⑤ I really appreciate your invitation to the party.

5 다음 도표를 보고, 〈보기〉에서 알맞은 단어를 골라 문장의 밑줄 친 부분을 바르게 고쳐 쓰시오.

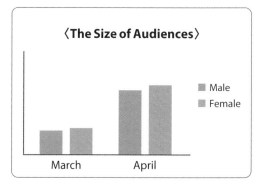

〈 **The Size of Audiences** 〉

■ Male
■ Female

March　April

Tip

도표를 보면 4월 ❶ [   ]의 규모
가 3월보다 ❷ [   ].

🖼 ❶ 관객 ❷ 증가했다

Words
size 크기, 규모
audience 청중, 관객, 시청자
male 남자, 남성
female 여자, 여성

┌ 보기 ┐
depend　increase　hire　elect

The size of audiences <u>decreased</u> greatly in April.

➡ _____(e)d

029 **consider** [kənsídər]

파생어 반의어 유의어 혼동어

consideration [kənsìdəréiʃən]

- 동 고려하다, 숙고하다
- I'm **considering** selling my car.
- 나는 내 차를 파는 것을 고려하고 있다.

- 명 고려, 숙고
- This issue needs careful **consideration**.
- 이 문제는 신중한 고려가 필요하다.

030 **relieve** [rilíːv]

파생어 반의어 유의어 혼동어

relief [rilíːf]

- 동 완화하다, 덜어 주다
- **relieve** stress 스트레스를 완화하다

- 명 안도, 안심
- She sighed in **relief**. 그녀는 안도의 한숨을 쉬었다.

031 **export** 동[ikspɔ́ːrt] 명[ékspɔːrt]

파생어 반의어 유의어 혼동어

import 동[impɔ́ːrt] 명[impɔːrt]

- 동 수출하다 명 수출
- The country **exports** coffee.
- 그 나라는 커피를 수출한다.

- 동 수입하다 명 수입
- We **import** tea from China.
- 우리는 중국에서 차를 수입한다.

032 **damage** [dæmidʒ]

파생어 반의어 유의어 혼동어

harm [hɑːrm]

- 동 손상을 주다, 손상시키다 명 손상, 손해
- Smoking can **damage** your lungs.
- 흡연은 폐를 손상시킬 수 있다.

- 동 손상시키다, 해를 끼치다 명 해, 손해
- The factory **harmed** the environment.
- 그 공장은 환경에 해를 끼쳤다.

033 **commit** [kəmít]

파생어 반의어 유의어 혼동어

omit [oumít]

- 동 저지르다, 범하다
- **commit** a crime 범죄를 저지르다

- 동 빠뜨리다, 생략하다
- Please don't **omit** any details.
- 어떤 세부 사항도 빠뜨리지 마세요.

034 **sweep** [swiːp]
[swept - swept]

파생어 반의어 유의어 혼동어

weep [wiːp]
[wept - wept]

- 동 쓸다, 털다
- Can you **sweep** the floor?
- 바닥을 쓸어 줄 수 있나요?

- 동 울다, 눈물을 흘리다
- She started to **weep** silently.
- 그녀는 조용히 울기 시작했다.

필수 예제 3

우리말을 참고하여 빈칸에 알맞은 단어를 쓰시오.

(1) _____ – harm

   손상시키다; 손해

(2) sweep – _____

   쓸다, 털다 – 울다, 눈물을 흘리다

(3) export – _____

   수출하다; 수출 – 수입하다; 수입

(4) _____ – omit

   저지르다, 범하다 – 빠뜨리다, 생략하다

(5) consider : consideration = relieve : _____

   고려하다, 숙고하다 : 고려, 숙고 = 완화하다, 덜어 주다 : 안도, 안심

Guide

(1)은 ❶ _____ 관계인 단어 쌍, (3)은 반의어 관계인 단어 쌍이다.

(5)는 동사 – 명사인 ❷ _____ 관계의 단어 쌍이다.

탑 ❶ 유의어 ❷ 파생어

확인 문제 3-1

우리말을 참고하여 밑줄 친 부분이 맞으면 O, 틀리면 ✕에 표시하시오.

(1) The crowd in the street <u>swept</u> with joy. (O / ✕)

   거리의 군중은 기뻐서 울었다.

(2) The man has never <u>omitted</u> any crime. (O / ✕)

   그 남자는 어떤 범죄도 저지른 적이 없다.

Words
crowd 군중, 무리
joy 기쁨
crime 범죄

확인 문제 3-2

영영 풀이에 해당하는 단어를 주어진 철자로 시작하여 쓰시오.

(1) e_____ : to sell and send goods to another country
(2) r_____ : a relaxed feeling that you have after a bad situation ended
(3) c_____ : the act of thinking carefully about something

Words
relaxed 느긋한; 편안한
situation 상황
carefully 주의 깊게, 신중히

035 punish [pʌ́niʃ]

☐
☐
☐

图 처벌하다, 벌주다
He will be **punished** if he is caught.
그는 붙잡히면 처벌받을 것이다.

파생어　반의어　유의어　혼동어

punishment [pʌ́niʃmənt]

명 처벌, 벌
a fair **punishment** 타당한 처벌

---

036 attract [ətrǽkt]

☐
☐
☐

图 끌다, 끌어들이다
The market **attracts** many visitors.
그 시장은 많은 방문객들을 끌어들인다.

파생어　반의어　유의어　혼동어

attractive [ətrǽktiv]

혱 매력적인
an **attractive** offer 매력적인 제안

---

037 include [inklúːd]

☐
☐
☐

图 포함하다, 포함시키다
His name was **included** on the list.
그의 이름이 명단에 포함되었다.

파생어　반의어　유의어　혼동어

exclude [iksklúːd]

图 제외하다, 배제하다
The price **excludes** tax.
그 가격은 세금이 제외한 것이다.

---

038 chase [tʃeis]

☐
☐
☐

图 뒤쫓다, 추적하다; 추구하다
The dog **chased** pigeons in the park.
그 개는 공원에서 비둘기를 뒤쫓았다.

파생어　반의어　유의어　혼동어

pursue [pərsúː]

图 뒤쫓다; 추구하다
The police are **pursuing** the woman.
경찰이 그 여자를 뒤쫓고 있다.

---

039 intend [inténd]

☐
☐
☐

图 의도하다, ~할 작정이다
I did not **intend** to hurt you.
나는 너를 아프게 할 의도는 아니었다.

파생어　반의어　유의어　혼동어

pretend [priténd]

图 ~인 척하다
pretend to be dead 죽은 척하다

---

040 adapt [ədǽpt]

☐
☐
☐

图 적응하다; 각색하다
I hope you will **adapt** to the change soon.
나는 네가 변화에 빨리 적응하기를 바란다.

파생어　반의어　유의어　혼동어

adopt [ədɑ́pt]

图 입양하다
She decided to **adopt** two children.
그녀는 두 아이를 입양하기로 결정했다.

필수 예제 4

우리말을 참고하여 빈칸에 알맞은 단어를 쓰시오.

(1) chase – _____ 뒤쫓다; 추구하다

(2) punish – _____ 처벌하다, 벌주다 – 처벌, 벌

(3) attract – _____ 끌다, 끌어들이다 – 매력적인

(4) _____ – adopt 적응하다; 각색하다 – 입양하다

(5) _____ – exclude 포함하다, 포함시키다 – 제외하다, 배제하다

(6) intend – _____ 의도하다, ~할 작정이다 – ~인 척하다

Guide

(1)은 유의어 관계인 단어 쌍이다.

(2)는 ❶ _____ – 명사, (3)은 동사 – 형용사인 파생어 관계의 단어 쌍이다.

(5)는 ❷ _____ 관계인 단어 쌍이다.

📖 ❶ 동사 ❷ 반의어

확인 문제 4-1

우리말을 참고하여 밑줄 친 부분이 맞으면 ○, 틀리면 ×에 표시하시오.

(1) The kids chased each other around the table. (○ / ×)
아이들이 탁자 주변을 돌며 서로를 뒤쫓았다.

(2) The woman intended not to know the man. (○ / ×)
그 여자는 그 남자를 모르는 척했다.

Words
each other 서로

확인 문제 4-2

영영 풀이에 해당하는 단어를 주어진 철자로 시작하여 쓰시오.

> (1) a_____ : to take a child of other parents legally as your own child
> (2) p_____ : to make someone suffer because they did something wrong
> (3) a_____ : to make someone want to come and take part in something

Words
legally 법적으로
suffer 고통받다
take part in ~에 참여하다

1 다음 중 품사가 나머지 넷과 <u>다른</u> 것은?

① adapt   ② punish   ③ relief

④ exclude   ⑤ consider

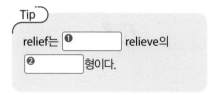

Tip

relief는 ❶ [　　　　] relieve의
❷ [　　　　] 형이다.

답 ❶동사 ❷명사

2 다음 그림을 보고, 괄호 안에서 알맞은 말을 고르시오.

> The violinist is (including / attracting) attention with her excellent performance.

Tip

그림에서 연주자는 ❶ [　　　　] 을
연주하고 있고, 많은 사람들의 주목을
❷ [　　　　] 있다.

답 ❶바이올린 ❷끌고

Words
attention 주의, 주목
performance 공연; 연주, 연기

3 다음 문장의 밑줄 친 단어와 의미가 가장 유사한 것은?

> Plastic waste in oceans can <u>harm</u> marine life.

① adapt   ② relieve   ③ export

④ damage   ⑤ pursue

Tip

플라스틱 쓰레기가 ❶ [　　　　] 생물
에게 ❷ [　　　　] 수 있다는 내용이다.

답 ❶해양 ❷해를 끼칠

Words
marine 바다의, 해양의

4 다음 영어 문장을 우리말로 바르게 옮긴 학생은?

He closed his eyes and pretended to be asleep.

① 그는 눈을 감고 잠들었다.

② 그는 눈을 감고 잠든 척했다.

③ 그는 눈을 감고 잠이 깬 척을 했다.

④ 그는 눈을 감고 잠들지 않으려고 했다.

⑤ 그는 눈을 감았지만 잠들지 않았다.

Tip

pretend는 '**❶**　　　'라는 뜻을 가진 **❷**　　　이다.

🔒 ❶ ~인 척하다 ❷ 동사

Words
asleep 잠이 든, 자고 있는

5 다음 사진을 보고, 〈보기〉에서 알맞은 단어를 골라 아래 문장의 밑줄 친 부분을 바르게 고쳐 쓰시오.

© Chones / Shutterstock

┤ 보기 ├

import　　　include　　　commit　　　sweep

Ball games <u>exclude</u> soccer, baseball, basketball, tennis, etc.

➡ _____

Tip

운동 경기의 구기 종목에는 축구, 야구, **❶**　　　, 테니스 등 여러 가지 종목이 **❷**　　　 있다.

🔒 ❶ 농구 ❷ 포함되어

Words
ball game 구기 (종목)

대표 예제 **1**

다음 짝지어진 두 단어의 관계가 같도록 빈칸에 알맞은 단어를 쓰시오.

(1) hire : employ = _____ : harm

(2) export : _____ = obey : disobey

개념 Guide

hire와 employ는 [❶_____] 관계이고, obey와 disobey는 [❷_____] 관계이다.

답 ❶ 유의어 ❷ 반의어

대표 예제 **2**

다음 짝지어진 두 단어의 관계가 〈보기〉와 다른 것은?

┌─ 보기 ─────────────────┐
│ assist – assistance │
└───────────────────────┘

① relieve – relief

② elect – election

③ attract – attractive

④ reflect – reflection

⑤ punish – punishment

개념 Guide

assist와 assistance는 [❶_____]와 명사인 [❷_____] 관계의 단어 쌍이다.

답 ❶ 동사 ❷ 파생어

대표 예제 **3**

다음 영영 풀이에 해당하는 단어로 가장 알맞은 것은?

┌───────────────────────────────────┐
│ to protect someone or something from │
│ attack or danger │
└───────────────────────────────────┘

① shift　　② attract　　③ consider

④ defend　　⑤ illustrate

개념 Guide

'누군가 또는 무언가를 공격이나 위험으로부터 [❶_____]'라는 의미를 가진 단어는 [❷_____]이다.

답 ❶ 보호하다 ❷ defend

대표 예제 **4**

다음은 사진 속 행동에 대한 영영 풀이이다. 빈칸에 가장 알맞은 것은?

© exopixel / Shutterstock

┌───────────────────────────────┐
│ to clean a floor or surface │
│ by _____ away dirt, │
│ litter, etc. │
└───────────────────────────────┘

① feeding　　② running　　③ brushing

④ blowing　　⑤ attracting

개념 Guide

빗자루로 바닥을 쓸고 있는 동작으로, 이에 해당하는 영어 단어는 [❶_____]이다.

• surface 표면　• dirt 먼지; 흙　• litter 쓰레기

• brush [❷_____]　• blow (입으로) 불다

답 ❶ sweep ❷ 솔질(비질)을 하다

대표 예제 5

다음 우리말을 영어로 옮길 때, 빈칸에 가장 알맞은 것은?

> 너는 전자책이 종이책을 대신할 것이라고 생각하니?
>
> Do you think e-books will _____ paper books?

① occur ② confess ③ replace

④ damage ⑤ increase

개념 Guide

우리말 '❶ _____ , 대체하다'에 해당하는 영어 단어는 ❷ _____ 이다.

답 ❶ 대신하다 ❷ replace

대표 예제 6

다음 그림을 보고, 문장의 빈칸에 알맞은 말을 고르시오.

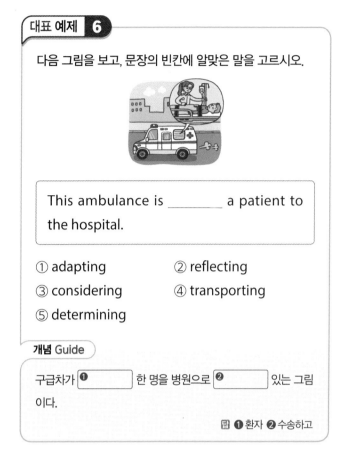

> This ambulance is _____ a patient to the hospital.

① adapting ② reflecting

③ considering ④ transporting

⑤ determining

개념 Guide

구급차가 ❶ _____ 한 명을 병원으로 ❷ _____ 있는 그림 이다.

답 ❶ 환자 ❷ 수송하고

대표 예제 7

다음 중 밑줄 친 부분의 우리말 뜻이 바르지 않은 것은?

① I appreciate your kind words. (고맙습니다)

② He has no one to depend on. (~에 의지하다)

③ The price includes all food and drinks. (포함한다)

④ Korea imports seafood from the country. (수출한다)

⑤ The boy was identified as Jenny's friend. (확인되었다)

개념 Guide

우리말 '수출하다'에 해당하는 단어는 ❶ _____ 이다.

• seafood ❷ _____

답 ❶ export ❷ 해산물

대표 예제 8

다음 중 밑줄 친 부분의 쓰임이 가장 어색한 것은?

① The thief chased the police and hid.

② I was elected as the leader of a group.

③ You can omit the sugar from the recipe.

④ The couple decided to adopt a lovely girl.

⑤ The population of the country is decreasing.

개념 Guide

동사 chase는 '❶ _____ , 추적하다'라는 뜻이다.

• thief 도둑, 절도범 • recipe ❷ _____

• couple 커플, 부부 • population 인구

답 ❶ 뒤쫓다 ❷ 조리법

대표 예제 9

다음 문장의 빈칸에 들어갈 단어로 가장 알맞은 것은?

> I don't have his phone number or email address, so I can't _____ him.

① identify   ② contact
③ commit   ④ pretend
⑤ illustrate

개념 Guide

❶   나 이메일 주소가 없어서 ❷   수 없다는 내용이다.

답 ❶ 전화번호 ❷ 연락할

대표 예제 10

다음 문장의 빈칸에 공통으로 들어갈 단어로 가장 알맞은 것은?

> • I'm trying to _____ to the new school.
> • The director will _____ this novel into a film.

① hire   ② ruin   ③ adapt
④ extend   ⑤ relieve

개념 Guide

첫 번째 문장은 '새 학교에 ❶   노력하고 있다', 두 번째 문장은 '소설을 영화로 ❷   것이다'라는 의미이다.

• director (영화 등의) 감독   • novel 소설

답 ❶ 적응하려고 ❷ 각색할

대표 예제 11

다음 문장의 밑줄 친 단어 중 아래 영영 풀이에 해당하는 것은?

> to have something in mind as a plan or purpose

① They measured the speed of cars.
② He attached a poster on the wall.
③ She was punished for stealing a necklace.
④ She intended to keep this secret from him.
⑤ He always emphasizes we should be honest.

개념 Guide

'❶   이나 목적으로 무언가를 염두에 두다'라는 의미를 가진 단어는 ❷   이다.

• have ~ in mind ~을 염두에 두다   • honest 정직한

답 ❶ 계획 ❷ intend

대표 예제 12

다음 그림을 보고, 문장의 빈칸에 알맞은 단어를 모두 고르시오.

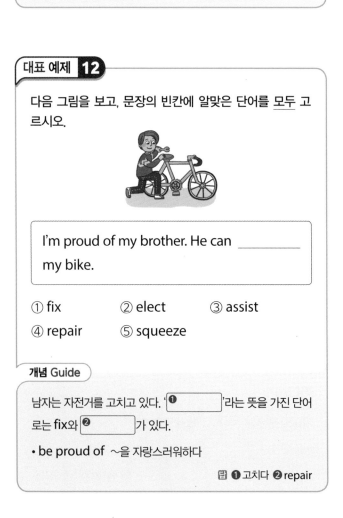

> I'm proud of my brother. He can _____ my bike.

① fix   ② elect   ③ assist
④ repair   ⑤ squeeze

개념 Guide

남자는 자전거를 고치고 있다. '❶   '라는 뜻을 가진 단어로는 fix와 ❷   가 있다.

• be proud of ~을 자랑스러워하다

답 ❶ 고치다 ❷ repair

대표 예제 13

다음 문장의 빈칸에 공통으로 들어갈 단어를 주어진 철자로 시작하여 쓰시오.

- I fell down and my pants got _____(e)d in the mud.
- The storm hit the farm and it _____(e)d the crops.

➡ r_____

개념 Guide

'망치다, ❶□□□□□'라는 의미를 가진 단어는 ❷□□□□□이다.

- crop 농작물

답 ❶ 파괴하다 ❷ ruin

대표 예제 14

다음 문장의 빈칸에 들어갈 단어를 〈보기〉에서 골라 쓰시오.

| 보기 |
| influence   reflect   extend   damage |

(1) The lake _____(e)d the trees around it.
(2) Mr. Lee _____(e)d his son to be a great soccer player.

(1) _____ (2) _____

개념 Guide

(1)은 '호수가 나무들을 ❶□□□□□', (2)는 '아들이 훌륭한 축구 선수가 되도록 ❷□□□□□'라는 의미이다.

답 ❶ 비추었다 ❷ 영향을 주었다

대표 예제 15

다음 문장의 밑줄 친 단어와 바꾸어 쓸 수 있는 것은?

The school will <u>hire</u> an English teacher and a math teacher.

① assist
② employ
③ identify
④ disobey
⑤ decrease

개념 Guide

hire는 '❶□□□□□'라는 뜻을 가진 동사로, 비슷한 뜻을 가진 단어로는 ❷□□□□□가 있다.

답 ❶ 고용하다 ❷ employ

대표 예제 16

다음 그림을 보고, 대화의 빈칸에 알맞은 단어를 고르시오.

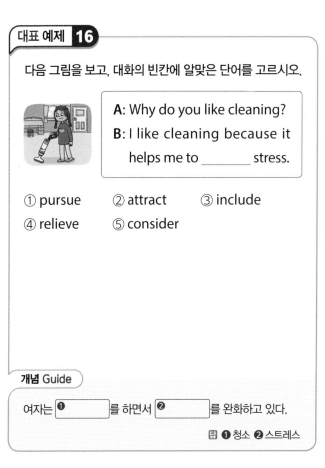

A: Why do you like cleaning?
B: I like cleaning because it helps me to _____ stress.

① pursue
② attract
③ include
④ relieve
⑤ consider

개념 Guide

여자는 ❶□□□□□를 하면서 ❷□□□□□를 완화하고 있다.

답 ❶ 청소 ❷ 스트레스

[1~2] 다음 영영 풀이에 해당하는 단어로 알맞은 것을 고르시오.

1

to be used instead of something else; to act instead of someone else

① obey ② attach
③ adapt ④ reflect
⑤ replace

Tip

'다른 어떤 것 대신 ❶ [　　　]; 다른 어떤 사람 대신 ❷ [　　　]'를 의미하는 단어를 생각해 본다.

目 ❶ 사용되다 ❷ 행동하다

Words instead of ~ 대신에

2

to continue for a longer period of time, or to make something last longer

① repair ② extend
③ contact ④ damage
⑤ identify

Tip

'더 오랜 ❶ [　　　] 동안 계속하거나 무언가를 더 오래 ❷ [　　　] 하다'를 의미하는 단어를 생각해 본다.

目 ❶ 기간 ❷ 지속하게

Words continue 계속하다
last 계속하다, 지속하다

3 다음 문장의 밑줄 친 단어의 영영 풀이로 알맞은 것은?

The boy <u>pretended</u> to listen to his teacher.

① to cry because you feel very sad
② to help someone to do something
③ to connect or fasten an object to another
④ to get a liquid out of an object by pressing it
⑤ to act as if something is true when it is not true

Tip

그림에서 소년은 휴대 전화를 보면서 ❶ [　　　]의 말씀을 ❷ [　　　] 척하고 있다.

目 ❶ 선생님 ❷ 듣는

Words connect 연결하다
fasten 고정시키다
object 물건, 물체
liquid 액체
press 누르다
as if 마치 ~인 것처럼

4 다음 우리말과 일치하도록 빈칸에 알맞은 단어를 쓰시오.

(1) As soon as James saw her, he was able to
_____ her.

(James는 보자마자 그녀를 알아볼 수 있었다.)

(2) I'll never _____ a crime again.

(나는 결코 다시는 범죄를 저지르지 않겠다.)

(3) His speeches will _____ many
people's lives.

(그의 연설은 많은 사람들의 삶에 영향을 줄 것이다.)

> **Tip**
>
> (1)에서 '(사람을) **❶**⬚⬚⬚⬚⬚', (2)에서 '범죄를 저지르다',
> (3)에서 '삶에 **❷**⬚⬚⬚⬚⬚'에 해당하는 동사를 생각해
> 본다.
>
> 🔑 ❶ 알아보다 ❷ 영향을 주다

Words as soon as ~하자마자
be able to do ~할 수 있다
speech 연설

5 다음 짝지어진 두 단어의 관계가 나머지 넷과 다른 것은?

① hire – employ

② obey – disobey

③ export – import

④ include – exclude

⑤ increase – decrease

> **Tip**
>
> ⬚⬚⬚⬚⬚ 관계인 단어 쌍과 반의어 관계인 단어 쌍을 구
> 분해 본다.
>
> 🔑 유의어

6 다음 대화의 빈칸에 들어갈 단어로 가장 알맞은 것은?

> A: You seem upset. Anything wrong?
> B: People keep telling me that I'm too
> direct. I'm upset about that.
> A: Hmm.... I kind of know what they're
> talking about.
> B: What do you mean?
> A: Well, sometimes you tend to say
> what's on your mind too strongly.
> B: Should I just keep quiet, then?
> A: That's not what I meant. You can try to
> _____ others' feelings.
> B: I see. I'll try that.

① ignore

② contact

③ consider

④ measure

⑤ emphasize

> **Tip**
>
> 본인이 너무 직설적으로 말한다는 사람들의 의견 때문에
> **❶**⬚⬚⬚⬚⬚ 하자, 다른 사람의 감정을 **❷**⬚⬚⬚⬚⬚ 노력하
> 라고 충고를 해주는 상황의 대화이다.
>
> 🔑 ❶ 속상해 ❷ 고려하도록

Words upset 속상한, 마음이 상한
direct 직접적인; 단도직입적인
kind of 약간, 어느 정도
tend to do ~하는 경향이 있다

1 다음 사진을 보고, 우리말과 일치하도록 빈칸에 알맞은 단어를 고르시오.

© New Africa / Shutterstock

She kept asking him questions, but he _____d her.

(그녀는 그에게 계속 질문했지만, 그는 그녀를 무시했다.)

① ignore
② relieve
③ decrease
④ emphasize
⑤ appreciate

2 다음 중 품사가 나머지 넷과 다른 것은?

① omit
② absorb
③ depend
④ determine
⑤ appropriate

3 다음 문장의 밑줄 친 단어 중 아래 영영 풀이에 해당하는 것은?

to find out the size, length, or amount of something

① "Sit!" I said, and my dog obeyed me.
② The kid saw a butterfly and chased it.
③ The boy confessed that he was guilty.
④ Can you measure the height of the building?
⑤ She extended her visa to stay longer in Korea.

4 다음 우리말과 일치하도록 빈칸에 알맞은 단어를 〈보기〉에서 골라 쓰시오.

┌ 보기 ┐
pretend   increase   intend

(1) He _____s to quit his work at the end of this year.

(그는 올해 말에 일을 그만둘 작정이다.)

(2) You don't need to _____ that everything is fine.

(너는 모든 것이 괜찮은 척하지 않아도 된다.)

Words

3 find out ～을 알아내다   length 길이   amount 양   guilty 유죄의, 죄를 범한   height 높이   stay 머무르다, 체류하다

4 quit 그만두다

5 다음 중 영어 단어와 우리말 뜻이 <u>잘못</u> 연결된 것은?

① pursue – 뒤쫓다

② import – 수입하다

③ replace – 반영하다

④ employ – 고용하다

⑤ fix – 수리하다, 고치다

6 다음 글의 네모 안에서 알맞은 말을 골라 쓰시오.

Dear future Jihun,

How are you doing? You are now a writer, aren't you?

I have included / excluded two things in the time capsule for you. The first thing is a pair of basketball shoes. They helped me make many friends in the basketball club. The other thing is my favorite book. I wanted to become a writer after I read it.

I hope these things will bring back happy memories of your middle school days.

Jihun

➡ _____

7 다음 글의 빈칸에 들어갈 단어로 가장 알맞은 것은?

It was such a warm, lovely day, and the fields along the road smelled sweet and inviting. For a moment, I thought of staying away from school and walking around the fields. However, I ran as fast as I could to school.

As I passed the mayor's office, I saw people reading the notices on the board. For two years all our bad news had come from that board. I _____(e)d, "What is it now?" I ran faster.

① weep

② attach

③ consider

④ wonder

⑤ damage

A 영어 단어 카드의 지워진 부분을 채운 다음, 우리말 뜻과 바르게 연결하시오.

1. reflect   ⓐ 방어하다, 수비하다

2. identify   ⓑ 결정하다; 결심하다

3. defend   ⓒ 비추다; 반영하다

4. disobey   ⓓ 불복종하다, 거역하다

5. determine   ⓔ 확인하다, 알아보다

B 각 사람이 하는 말과 일치하도록 A에서 완성한 단어 중 알맞은 것을 골라 문장을 완성하시오.

1.

우리는 명령을 거역하면 벌을 받게 될 거야.

➡ If we _____ orders, we will be punished.

2.

그 군인들은 그들의 나라를 지킬 준비가 되어 있어.

➡ The soldiers are ready to _____ their country.

3.

별의 온도는 빛의 색을 결정한다.

➡ Stars' temperatures _____ their colors of light.

C 카드의 우리말 뜻에 해당하는 영어 단어를 쓰고, 퍼즐에서 찾아 표시하시오. (→ 방향과 ↓ 방향으로 찾을 것)

영향을 주다

influence

감소하다, 줄다

_____

무시하다

_____

수송하다, 운송하다

_____

고마워하다

_____

완화하다, 덜어 주다

_____

저지르다, 범하다

_____

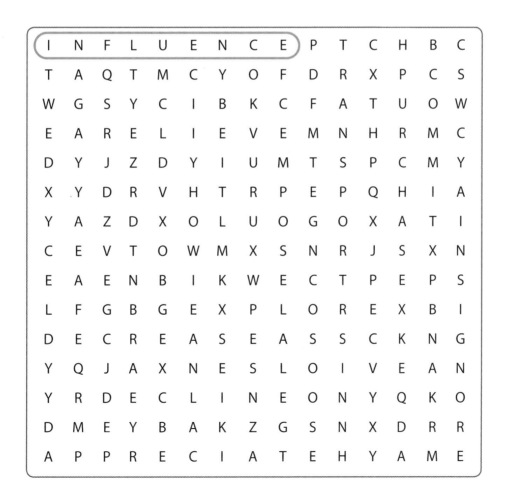

I	N	F	L	U	E	N	C	E	P	T	C	H	B	C
T	A	Q	T	M	C	Y	O	F	D	R	X	P	C	S
W	G	S	Y	C	I	B	K	C	F	A	T	U	O	W
E	A	R	E	L	I	E	V	E	M	N	H	R	M	C
D	Y	J	Z	D	Y	I	U	M	T	S	P	C	M	Y
X	Y	D	R	V	H	T	R	P	E	P	Q	H	I	A
Y	A	Z	D	X	O	L	U	O	G	O	X	A	T	I
C	E	V	T	O	W	M	X	S	N	R	J	S	X	N
E	A	E	N	B	I	K	W	E	C	T	P	E	P	S
L	F	G	B	G	E	X	P	L	O	R	E	X	B	I
D	E	C	R	E	A	S	E	A	S	S	C	K	N	G
Y	Q	J	A	X	N	E	S	L	O	I	V	E	A	N
Y	R	D	E	C	L	I	N	E	O	N	Y	Q	K	O
D	M	E	Y	B	A	K	Z	G	S	N	X	D	R	R
A	P	P	R	E	C	I	A	T	E	H	Y	A	M	E

D 우리말 뜻을 참고하여 철자를 바른 순서로 배열하여 쓰시오.

1. _____ : 쓸다, 털다

w e p s e

2. _____ : 강조하다

e p s a m
h z i e

3. _____ : 망치다, 파괴하다

u r n i

4. _____ : 이동하다, 옮기다

h t i s f

5. _____ : 돕다, 보조하다

t s i s a s

6. _____ : 포함하다, 포함시키다

d n e i
c u l

E 각 사람이 하는 말과 일치하도록 D에서 완성한 단어 중 알맞은 것을 골라 문장을 완성하시오.

1.

네가 그 일을 혼자 할 수 없다면, 내가 너를 도울 수 있어.

➡ If you can't do the job alone, I can _____ you.

2.

나는 시간의 가치를 강조하고 싶어.

➡ I want to _____ the value of time.

3.

거짓말은 네 우정을 망칠 수 있어.

➡ Lies can _____ your friendship.

F 퍼즐을 완성하시오.

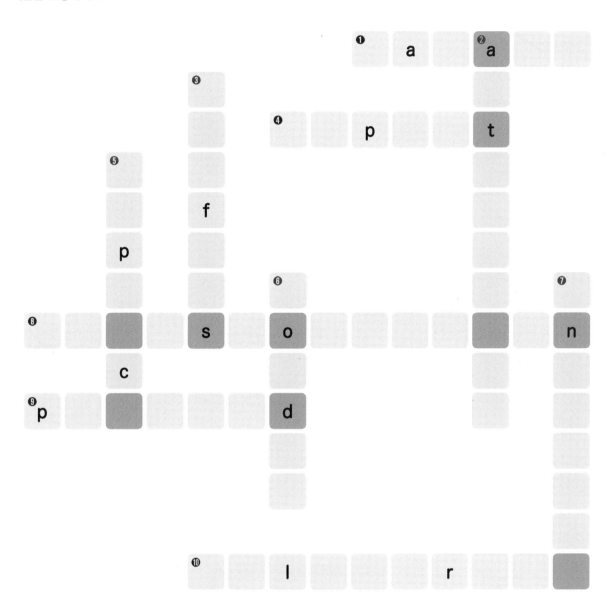

Across ▶

❶ fix : repair = _____ : harm

❹ to bring products into a country from abroad for sale ➡ _____

❽ _____ : 운송, 수송; 교통수단

❾ _____ to know nothing (아무것도 모르는 척하다)

❿ _____ : 삽화를 넣다; (예를 들어) 설명하다

Down ▼

❷ a(n) _____ design (매력적인 디자인)

❸ _____ : 자백하다; 인정하다

❺ _____ : 대신(대체)하다; 교체하다

❻ to feel curious and want to know about something ➡ _____

❼ obey : disobey = _____ : decrease

명사

😊 그림을 보고, 단어의 의미를 추측해 보세요.

이 벽은 왜 만들어졌나요?

These walls were built for the ❶defense of the castle.

❶ defense 방어, 보호

나는 이 한국 아이돌 그룹이 너무 좋아!

They're international ❷celebrities!

❷ celebrity 유명 인사

❸ difference 차이; 차이점

❹ permission 허락, 허가

001 ☐☐☐

surface [sə́ːrfis] 명 표면

Quiz
the **surface** of the moon
달의 ☐

답 표면

002 ☐☐☐

colony [kάləni] 명 (동·식물의) 군락, 군집; ❶ ☐

Quiz
a **colony** of penguins
펭귄 ❷ ☐

답 ❶ 식민지 ❷ 군집

003 ☐☐☐

debate [dibéit] 명 토론, 토의 동 토론하다

Quiz
What is the topic of the **debate**?
☐ 의 주제는 무엇입니까?

답 토론

004 ☐☐☐

border [bɔ́ːrdər] 명 국경, ❶ ☐

Quiz
defend the **border**
❷ ☐ 을 방어하다

답 ❶ 경계 ❷ 국경

005 ☐☐☐

insight [ínsàit] 명 통찰(력), 식견

Quiz
She is an artist of great **insight**.
그녀는 대단한 ☐ 을 가진 예술가이다.

답 통찰력

006 ☐☐☐

mission [míʃən] 명 임무, 사명

Quiz
Our **mission** ended in failure.
우리의 ☐ 는 실패로 끝났다.

답 임무

007 ☐☐☐

benefit [bénəfit] 명 혜택, ❶ ☐

Quiz
enjoy the **benefits** of technology
기술의 ❷ ☐ 을 누리다

답 ❶ 이득 ❷ 혜택

008 ☐☐☐

destination [dèstənéiʃən] 명 목적지, 도착지

Quiz
We arrived at our final **destination**.
우리는 최종 ☐ 에 도착했다.

답 목적지

1-1 빈칸에 알맞은 단어를 〈보기〉에서 골라 쓰시오.

┌ 보기 ┐
surface colony debate border
└────────────────────────────┘

They are having a _____ in the classroom.

해석 | 그들은 교실에서 [   ]을 하고 있다.

🔖 토론

1-2 우리말을 참고하여 네모 안에서 알맞은 단어를 고르시오.

(1) They ran away across the | debate / border |.

그들은 국경을 넘어 도망쳤다.

*run away 도망치다

(2) A | colony / surface | of gorillas lives together in this area.

한 고릴라 군집이 이 지역에 함께 산다.

(3) The | surface / border | of this desk is very rough.

이 책상의 표면은 매우 거칠다.

*rough 거친

2-1 빈칸에 알맞은 단어를 〈보기〉에서 골라 쓰시오.

┌ 보기 ┐
insight mission benefit destination
└────────────────────────────────┘

The final _____ of the trip is Paris.

해석 | 여행의 최종 [   ]는 파리이다.

🔖 목적지

2-2 우리말을 참고하여 네모 안에서 알맞은 단어를 고르시오.

(1) This class provides deep | benefit / insight | into the culture.

이 수업은 문화에 대한 깊은 통찰력을 제공한다.

(2) This | destination / mission | is really difficult to carry out.

이 임무는 정말 수행하기 어렵다.

*carry out 수행하다

(3) She has had the | mission / benefit | of the best education.

그녀는 최고의 교육 혜택을 받았다.

009 ☐☐☐

scholar [skálər] 몡 학자

Quiz
a **scholar** in the Joseon Dynasty
조선 시대의 [   ]

답 학자

010 ☐☐☐

panic [pǽnik] 몡 극심한 공포, ❶ [   ]

Quiz
She ran fast in **panic**.
그녀는 ❷ [   ] 에 빠져 빠르게 달렸다.

답 ❶ 공황 ❷ 극심한 공포

011 ☐☐☐

revolution [rèvəlúːʃən] 몡 혁명; 변혁

Quiz
the Industrial **Revolution**
산업 [   ]

답 혁명

012 ☐☐☐

atmosphere [ǽtməsfìər] 몡 대기; ❶ [   ]

Quiz
the Earth's **atmosphere**
지구의 ❷ [   ]

답 ❶ 분위기 ❷ 대기

013 ☐☐☐

emergency [iméːrdʒənsi] 몡 비상사태, ❶ [   ]

Quiz
I am ready for all **emergencies**.
나는 모든 ❷ [   ] 에 대한 준비가 되어 있다.

답 ❶ 긴급 상황 ❷ 비상사태

014 ☐☐☐

advance [ædvǽns] 몡 진보, 발전 통 진보(발전)하다

Quiz
advances in science
과학의 [   ]

답 발전

015 ☐☐☐

occasion [əkéiʒən] 몡 (특정한) 때, 경우

Quiz
On this **occasion**, she was wrong.
이번 [   ] 에는 그녀가 틀렸다.

답 경우

016 ☐☐☐

compliment [kámpləmənt] 몡 칭찬, 찬사

Quiz
Thanks for the **compliment**.
[   ] 에 감사드립니다.

답 칭찬

3-1 빈칸에 알맞은 단어를 〈보기〉에서 골라 쓰시오.

┌ 보기 ┐
scholar panic revolution atmosphere

The boy on a roller coaster cried out in
_____.

해석 | 롤러코스터를 탄 소년은 [   ]에 질려 소리를 질렀다.

📋 극심한 공포

3-2 우리말을 참고하여 네모 안에서 알맞은 단어를 고르시오.

(1) The revolution / panic brought big social
changes.

그 혁명은 큰 사회적 변화를 가져왔다.

*social 사회적인

(2) She is respected as a great atmosphere /
scholar .

그녀는 훌륭한 학자로 존경받고 있다.

*respect 존경하다

(3) I used special lighting to create a relaxed
atmosphere / scholar .

나는 편안한 분위기를 만들기 위해 특별한 조명을 사용
했다.

*lighting 조명

4-1 빈칸에 알맞은 단어를 〈보기〉에서 골라 쓰시오.

┌ 보기 ┐
emergency   advance
occasion   compliment

My mother stroked my hair as a(n)
_____.

해석 | 엄마는 [   ]으로 내 머리를 쓰다듬어 주셨다.

📋 칭찬

4-2 우리말을 참고하여 네모 안에서 알맞은 단어를 고르시오.

(1) The pace of emergency / advance is
really fast.

발전의 속도가 정말 빠르다.

*pace 속도

(2) This is not a(n) occasion / compliment for
complaint.

지금은 불평할 때가 아니다.

*complaint 불평

(3) This door is used only in a(n) compliment /
emergency .

이 문은 비상시에만 사용된다.

A 영어를 우리말로 쓰기

1. compliment _____
2. destination _____
3. occasion _____
4. colony _____
5. insight _____
6. benefit _____
7. advance _____
8. panic _____

9. border _____
10. scholar _____
11. revolution _____
12. atmosphere _____
13. emergency _____
14. debate _____
15. mission _____
16. surface _____

B 우리말을 영어로 쓰기

1. (특정한) 때, 경우 _____
2. 혁명; 변혁 _____
3. 임무, 사명 _____
4. 진보, 발전; 진보(발전)하다 _____
5. 학자 _____
6. 군락, 군집; 식민지 _____
7. 대기; 분위기 _____
8. 국경, 경계 _____

9. 목적지, 도착지 _____
10. 토론, 토의; 토론하다 _____
11. 비상사태, 긴급 상황 _____
12. 통찰(력), 식견 _____
13. 칭찬, 찬사 _____
14. 표면 _____
15. 극심한 공포, 공황 _____
16. 혜택, 이득 _____

C 빈칸에 알맞은 단어 고르기

1.

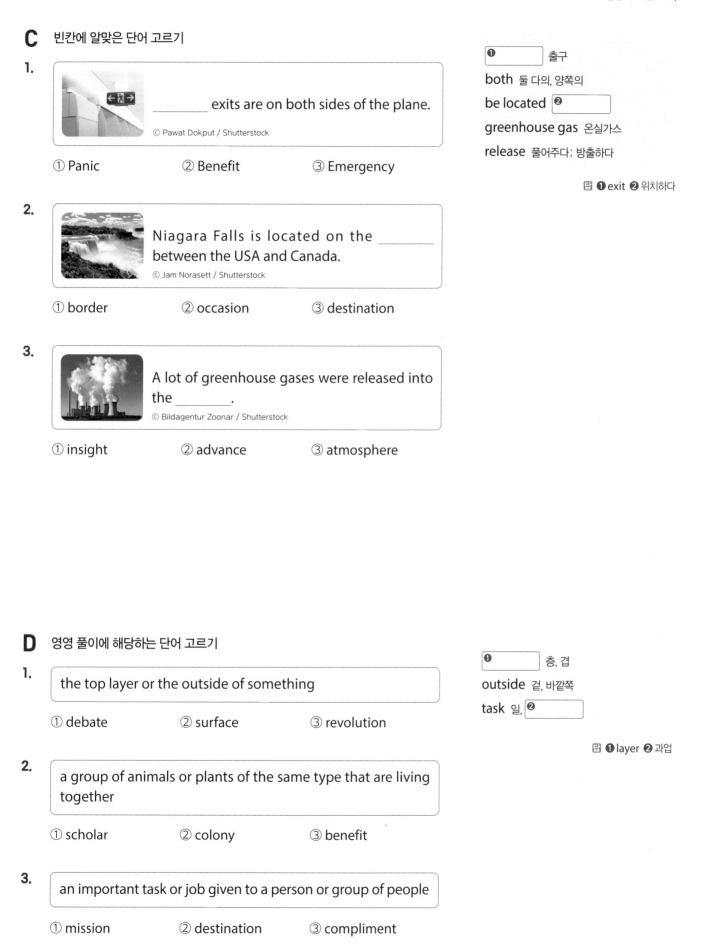

_____ exits are on both sides of the plane.

© Pawat Dokput / Shutterstock

① Panic   ② Benefit   ③ Emergency

2.

Niagara Falls is located on the _____ between the USA and Canada.

© Jam Norasett / Shutterstock

① border   ② occasion   ③ destination

3.

A lot of greenhouse gases were released into the _____.

© Bildagentur Zoonar / Shutterstock

① insight   ② advance   ③ atmosphere

❶ _____ 출구
both 둘 다의, 양쪽의
be located ❷ _____
greenhouse gas 온실가스
release 풀어주다; 방출하다

답 ❶ exit ❷ 위치하다

D 영영 풀이에 해당하는 단어 고르기

1.

the top layer or the outside of something

① debate   ② surface   ③ revolution

2.

a group of animals or plants of the same type that are living together

① scholar   ② colony   ③ benefit

3.

an important task or job given to a person or group of people

① mission   ② destination   ③ compliment

❶ _____ 층, 겹
outside 겉, 바깥쪽
task 일, ❷ _____

답 ❶ layer ❷ 과업

파생어 반의어 유의어 혼동어

017 **profession** [prəféʃən]

- 몡 (전문적인) 직업
- I am a lawyer by **profession**.
- 나의 직업은 변호사이다.

professional [prəféʃənl]

- 혱 직업의, 전문적인
- She is a **professional** photographer.
- 그녀는 전문 사진작가이다.

파생어 반의어 유의어 혼동어

018 **logic** [ládʒik]

- 몡 논리
- I cannot follow his **logic**.
- 나는 그의 논리를 이해할 수 없다.

logical [ládʒikəl]

- 혱 논리적인; 타당한
- give a **logical** explanation
- 논리적인 설명을 하다

파생어 반의어 유의어 혼동어

019 **architect** [á:rkətèkt]

- 몡 건축가
- Nature has inspired many **architects**.
- 자연은 많은 건축가에게 영감을 주었다.

architecture [á:rkətèktʃər]

- 몡 건축학; 건축 양식
- He studies **architecture** at college.
- 그는 대학에서 건축학을 공부한다.

파생어 **반의어** 유의어 혼동어

020 **difference** [dífərəns]

- 몡 차이; 차이점
- understand cultural **differences**
- 문화적 차이점을 이해하다

similarity [sìməlǽrəti]

- 몡 유사성; 유사점
- the **similarity** between the two groups
- 두 집단 사이의 유사성

파생어 반의어 **유의어** 혼동어

021 **comment** [kámənt]

- 몡 논평, 의견
- I heard a helpful **comment** about our work.
- 나는 우리 일에 대해 도움이 되는 논평을 들었다.

remark [rimá:rk]

- 몡 논평, 발언
- Let me make a few final **remarks**.
- 최종 발언을 몇 마디 하겠습니다.

파생어 반의어 유의어 **혼동어**

022 **progress** [prágres]

- 몡 발전, 진전
- make **progress** in science
- 과학에서 진전을 이루다

process [práses]

- 몡 과정
- This **process** takes about a week.
- 이 과정은 약 일주일 정도 걸린다.

필수 예제 1

우리말을 참고하여 빈칸에 알맞은 단어를 쓰시오.

(1) comment – _____
논평

(2) _____ – process
발전, 진전 – 과정

(3) difference – _____
차이; 차이점 – 유사성; 유사점

(4) architect – _____
건축가 – 건축학; 건축 양식

(5) logic : _____ = profession : professional
논리 : 논리적인; 타당한 = 직업 : 직업의, 전문적인

Guide

(1)은 ❶ _____ 관계이고 (3)은 반의어 관계이다.
(5)는 명사 – ❷ _____ 인 파생어 관계이다.

🔑 ❶ 유의어 ❷ 형용사

확인 문제 1-1

우리말을 참고하여 밑줄 친 부분이 맞으면 O, 틀리면 ×에 표시하시오.

(1) There is no <u>process</u> on this issue. (O / ×)
이 문제에 대해 진전이 없다.

(2) He's at the top of his <u>profession</u>. (O / ×)
그는 자신의 직업에서 최고의 자리에 있다.

Words
issue 문제, 쟁점

확인 문제 1-2

영영 풀이에 해당하는 단어를 주어진 철자로 시작하여 쓰시오.

(1) a_____ : someone whose job is to design buildings
(2) d_____ : a point or way that makes one person or thing unlike another
(3) c_____ : an opinion that you express about someone or something

Words
unlike ~와 다른
express 표현하다

023 summary [sʌ́məri]

파생어 반의어 유의어 혼동어

명 요약, 개요
Let's read the **summary** of his speech.
그의 연설을 요약한 것을 읽어 봅시다.

summarize [sʌ́məràiz]
동 요약하다
Summarize the book in less than 200 words.
그 책을 200단어 이내로 요약하시오.

024 chemistry [kémǝstri]

파생어 반의어 유의어 혼동어

명 화학
He has a degree in **chemistry**.
그는 화학 학위가 있다.

chemical [kémikǝl]
형 화학의, 화학적인 명 화학물질
have a **chemical** reaction
화학 반응을 일으키다

025 permission [pǝrmíʃǝn]

파생어 반의어 유의어 혼동어

명 허락, 허가
I asked for her **permission**.
나는 그녀의 허락을 요청했다.

permit [pǝːrmít]
동 허용하다, 허락하다
Smoking is not **permitted** in the plane.
비행기에서 흡연은 허용되지 않는다.

026 defense [diféns]

파생어 반의어 유의어 혼동어

명 방어, 보호
the **defense** of the nation 국가 방어

attack [ǝtǽk]
명 공격 동 공격하다
a bomb **attack** 폭탄 공격

027 landscape [lǽndskèip]

파생어 반의어 유의어 혼동어

명 풍경, 경치
This island's **landscape** is similar to Hawaii's.
이 섬의 풍경은 하와이의 풍경과 비슷하다.

scenery [síːnǝri]
명 풍경, 경치
see the beautiful **scenery** of winter
겨울의 아름다운 풍경을 보다

028 contract [kántrækt]

파생어 반의어 유의어 혼동어

명 계약, 계약서
make a **contract** with a company
회사와 계약을 맺다

contrast [kǝntrǽst]
명 차이, 대조 동 대조하다
There is a **contrast** between the two cultures.
두 문화 사이에 차이가 있다.

필수 예제 2

우리말을 참고하여 빈칸에 알맞은 단어를 쓰시오.

(1) _____ – scenery

풍경, 경치

(2) _____ – attack

방어, 보호 – 공격

(3) contract – _____

계약, 계약서 – 차이, 대조; 대조하다

(4) _____ – chemical

화학 – 화학의, 화학적인; 화학물질

(5) summary : summarize = _____ : permit

요약, 개요 : 요약하다 = 허락, 허가 : 허용하다, 허락하다

Guide

(1)은 유의어 관계, (2)는 ❶ _____ 관계, (5)는 명사 – 동사인 ❷ _____ 관계이다.

🔑 ❶ 반의어 ❷ 파생어

확인 문제 2-1

우리말을 참고하여 밑줄 친 부분이 맞으면 ○, 틀리면 ×에 표시하시오.

(1) O is the <u>chemical</u> symbol for oxygen. (○ / ×)

O는 산소를 나타내는 화학 기호이다.

(2) Let me <u>permit</u> what we have decided so far. (○ / ×)

우리가 지금까지 결정한 내용을 요약해 보겠습니다.

Words

symbol 상징; 부호, 기호
oxygen 산소
so far 지금까지

확인 문제 2-2

영영 풀이에 해당하는 단어를 주어진 철자로 시작하여 쓰시오.

(1) p_____ : the act of allowing someone to do something
(2) a_____ : an act of violence to hurt a person or damage a place
(3) c_____ : a legal agreement between people or companies

Words

allow 허락하다
violence 폭행, 폭력
damage 손상을 주다, 손상시키다
legal 법률의, 법률상의
agreement 협정, 계약

1 다음 중 품사가 나머지 넷과 <u>다른</u> 것은?

① logical   ② process   ③ similarity

④ summary   ⑤ permission

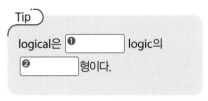

Tip

logical은 ❶ [   ] logic의

❷ [   ] 형이다.

답 ❶ 명사 ❷ 형용사

2 다음 그림을 보고, 괄호 안에서 알맞은 단어를 고르시오.

The (architect / architecture) is drawing up a plan for the house.

Tip

그림 속 ❶ [   ] 는 주택을 상상하

며 ❷ [   ] 를 그리고 있다.

답 ❶ 건축가 ❷ 설계도

Words

plan 계획; 도면, 설계도

3 다음 문장의 밑줄 친 단어와 의미가 가장 유사한 것은?

Many people made a <u>comment</u> that the movie was disappointing.

① logic   ② remark   ③ profession

④ landscape   ⑤ difference

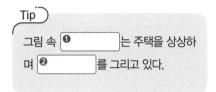

Tip

많은 사람들이 그 ❶ [   ] 가 실망

스럽다고 ❷ [   ] 을 했다는 내용

이다.

답 ❶ 영화 ❷ 논평

Words

disappointing 실망스러운

4 다음 영어 문장을 우리말로 바르게 옮긴 학생은?

> We agreed to extend the contract for two years.

Tip
① [　　　] 는 '② [　　　], 계약서'
라는 의미를 가진 명사이다.

답 ❶ contract ❷ 계약

Words
agree 합의하다
extend 연장하다

① 우리는 과정을 2년 연장하기로 합의했다.

② 우리는 진전을 2년 연장하기로 합의했다.

③ 우리는 계약을 2년 연장하기로 합의했다.

④ 우리는 공격을 2년 연장하기로 합의했다.

⑤ 우리는 방어를 2년 연장하기로 합의했다.

5 다음 그림을 보고, 〈보기〉에서 알맞은 말을 골라 밑줄 친 부분을 바르게 고쳐 쓰시오.

Tip
그림에서 Jenny는 ① [　　　] 와 외
모상 ② [　　　] 점이 많다.

답 ❶ 엄마 ❷ 유사한

Jenny　Jenny's mom

┌ 보기 ┐
attacks　similarities　processes　landscapes

There are some <u>summaries</u> between Jenny and her mother.

➡ _____

029 literature [lítərətʃər]

파생어 · 반의어 · 유의어 · 혼동어

literary [lítərèri]

명 문학
modern **literature** 현대 문학

형 문학의
a **literary** work 문학 작품

---

030 economy [ikánəmi]

파생어 · 반의어 · 유의어 · 혼동어

economic [ìːkənámik]

명 경제, 경기
The local **economy** is not strong.
지역 경제가 튼튼하지 않다.

형 경제의
an **economic** growth 경제 성장

---

031 intelligence [intélədʒəns]

파생어 · 반의어 · 유의어 · 혼동어

intelligent [intélədʒənt]

명 지능; 지성
measure **intelligence** 지능을 측정하다

형 지적인, 똑똑한
He always asks **intelligent** questions.
그는 항상 지적인 질문을 한다.

---

032 profit [práfit]

파생어 · 반의어 · 유의어 · 혼동어

loss [lɔːs]

명 수익, 이익
The company made a huge **profit**.
그 회사는 막대한 수익을 올렸다.

명 손실, 손해; 상실
a **loss** of $1 million 백만 달러의 손실

---

033 destiny [déstəni]

파생어 · 반의어 · 유의어 · 혼동어

fate [feit]

명 운명, 숙명
He wanted to change his **destiny**.
그는 자신의 운명을 바꾸고 싶었다.

명 운명, 숙명
decide one's **fate** ~의 운명을 결정짓다

---

034 heritage [héritidʒ]

파생어 · 반의어 · 유의어 · 혼동어

hesitate [hézətèit]

명 (문화)유산, 전통
Our national **heritage** was destroyed.
우리의 국가 유산이 훼손되었다.

동 망설이다, 주저하다
He **hesitated** for a moment.
그는 잠시 망설였다.

필수 예제 3

우리말을 참고하여 빈칸에 알맞은 단어를 쓰시오.

(1) _____ – fate
운명, 숙명

(2) _____ – loss
수익, 이익 – 손실, 손해; 상실

(3) _____ – hesitate
(문화)유산, 전통 – 망설이다, 주저하다

(4) literature : literary = economy : economic
= intelligence : _____
문학 : 문학의 = 경제, 경기 : 경제의 = 지능; 지성 : 지적인, 똑똑한

Guide

(1)은 **❶** _____ 관계, (2)는 반의어 관계, (4)는 명사 – **❷** _____ 인 파생어 관계이다.

답 ❶ 유의어 ❷ 형용사

확인 문제 3-1

우리말을 참고하여 밑줄 친 부분이 맞으면 ○, 틀리면 ×에 표시하시오.

(1) This match will determine the destiny of our team. (○ / ×)
이 경기가 우리 팀의 운명을 결정할 것이다.

(2) The company made a loss on the deal. (○ / ×)
그 회사는 그 거래에서 손실을 보았다.

Words
match 경기, 시합
deal 거래

확인 문제 3-2

영영 풀이에 해당하는 단어를 주어진 철자로 시작하여 쓰시오.

(1) h_____ : to pause before doing something because you are not sure

(2) l_____ : pieces of writing that are valued as works of art

(3) i_____ : the ability to learn or understand things

Words
pause 잠시 멈추다
writing 글
value 가치 있게 여기다

035 celebrity [səlébrəti]

파생어

celebrate [séləbrèit]

명 유명 인사
My friend became a **celebrity**.
내 친구는 유명 인사가 되었다.

동 기념하다, 축하하다
We are here to **celebrate** his graduation.
우리는 그의 졸업을 축하하기 위해 이곳에 왔다.

036 nerve [nəːrv]

파생어

nervous [nə́ːrvəs]

명 신경
nerve cells 신경 세포

형 불안해하는, 초조해하는
He looks **nervous**. 그는 초조해 보인다.

037 privacy [práivəsi]

파생어

private [práivət]

명 사생활
protect one's **privacy** 사생활을 보호하다

형 사적인, 개인적인
a **private** conversation 사적인 대화

038 disorder [disɔ́ːrdər]

반의어

order [ɔ́ːrdər]

명 어수선함; 무질서
The clothes were in **disorder**.
옷이 어수선하게 흩어져 있었다.

명 정돈; 질서
She kept the room in **order**.
그녀는 그 방을 정돈해 두었다.

039 opportunity [àpərtjúːnəti]

유의어

chance [tʃæns]

명 기회
Never miss an **opportunity**.
절대 기회를 놓치지 마라.

명 기회; 가능성
Thanks for giving me a second **chance**.
제게 두 번째 기회를 주셔서 감사합니다.

040 reward [riwɔ́ːrd]

혼동어

award [əwɔ́ːrd]

명 보상 동 보상하다
I got a day off as a **reward**.
나는 보상으로 하루 휴가를 받았다.

명 상 동 (상 등을) 수여하다
It is an honor to receive the **award**.
상을 받게 되어 영광이다.

필수 예제 4

우리말을 참고하여 빈칸에 알맞은 단어를 쓰시오.

(1) _____ – chance

기회

(2) disorder – _____

어수선함; 무질서 – 정돈; 질서

(3) _____ – award

보상; 보상하다 – 상; (상 등을) 수여하다

(4) celebrity – _____

유명 인사 – 기념하다, 축하하다

(5) privacy : _____ = nerve : nervous

사생활 : 사적인, 개인적인 = 신경 : 불안해하는, 초조해하는

Guide

(1)은 유의어 관계, (2)는 반의어 관계이다.

(4)는 명사 – **❶** _____, (5)는 명사 – **❷** _____인 파생어 관계이다.

🗒 ❶ 동사 ❷ 형용사

확인 문제 4-1

우리말을 참고하여 밑줄 친 부분이 맞으면 ○, 틀리면 ×에 표시하시오.

(1) We should respect each other's <u>privacy</u>. (○ / ×)

우리는 서로의 사생활을 존중해야 한다.

(2) People waited outside to see <u>celebrates</u>. (○ / ×)

사람들은 유명 인사들을 보기 위해 밖에서 기다렸다.

Words
respect 존중하다

확인 문제 4-2

영영 풀이에 해당하는 단어를 주어진 철자로 시작하여 쓰시오.

(1) o_____ : an organized and proper condition

(2) a_____ : a prize for something that somebody has done

(3) n_____ : feeling worried, anxious, a little afraid

Words
organize 정리하다; 조직하다
proper 적절한
condition 상태
prize 상
anxious 불안해하는, 염려하는

1 다음 중 품사가 나머지 넷과 <u>다른</u> 것은?

① fate   ② award   ③ privacy

④ literary   ⑤ economy

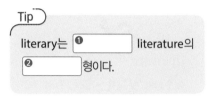

Tip

literary는 ❶[ ] literature의
❷[ ] 형이다.

답 ❶ 명사 ❷ 형용사

2 다음 사진을 보고, 괄호 안에서 알맞은 단어를 고르시오.

© Prostock-studio / Shutterstock

We (celebrate / hesitate) Christmas by decorating our Christmas tree.

Tip

사진에서 한 가족이 크리스마스트리를
❶[ ] 하면서 크리스마스를
❷[ ] 있다.

답 ❶ 장식 ❷ 기념하고

Words

decorate 꾸미다, 장식하다

3 다음 문장의 밑줄 친 단어와 의미가 가장 유사한 것은?

She was not afraid of change and used it as a <u>chance</u> to learn something new.

① reward   ② destiny   ③ disorder

④ literature   ⑤ opportunity

Tip

그녀는 ❶[ ] 를 두려워하지 않
고 그것을 ❷[ ] 로 이용했다는
내용이다.

답 ❶ 변화 ❷ 기회

4 다음 우리말을 영어로 바르게 옮긴 학생은?

모든 것이 깨끗하고 잘 정돈되어 있었다.

① Everything was clean and in perfect fate.

② Everything was clean and in perfect loss.

③ Everything was clean and in perfect nerve.

④ Everything was clean and in perfect chance.

⑤ Everything was clean and in perfect order.

Tip

우리말 '❶ ☐ '; 질서'에 해당하는 단어는 ❷ ☐ 이다.

답 ❶ 정돈 ❷ order

5 다음 그림을 보고, 〈보기〉에서 알맞은 단어를 골라 문장의 밑줄 친 부분을 바르게 고쳐 쓰시오.

┌ 보기 ┐
intelligence   privacy   fate   heritage

Changdeokgung Palace became a UNESCO World <u>Economy</u> Site in 1997.

➡ _____

Tip

그림의 ❶ ☐ 은 창덕궁으로, 1997년에 유네스코 세계 문화 ❷ ☐ 으로 지정되었다.

답 ❶ 고궁(궁궐) ❷ 유산

Words
palace 궁전
site 장소; 유적지

대표 예제 1

다음 짝지어진 두 단어의 관계가 같도록 빈칸에 알맞은 단어를 쓰시오.

(1) logic : logical = nerve : _____

(2) _____ : order = defense : attack

개념 Guide

(1) logic과 logical은 명사와 ❶ _____ 인 파생어 관계이다.

(2) defense와 attack은 ❷ _____ 관계이다.

답 ❶ 형용사 ❷ 반의어

대표 예제 2

다음 짝지어진 두 단어의 관계가 〈보기〉와 같은 것은?

┌─ 보기 ┐

summary – summarize

① fate – destiny

② privacy – private

③ comment – remark

④ celebrity – celebrate

⑤ difference – similarity

개념 Guide

〈보기〉는 명사 – 동사인 _____ 관계이다.

답 파생어

대표 예제 3

다음 영영 풀이에 해당하는 단어로 가장 알맞은 것은?

words that express praise for nice things about somebody or something

① border   ② chance

③ progress   ④ occasion

⑤ compliment

개념 Guide

'좋은 점들에 대해 칭찬을 ❶ _____ 하는 말'이라는 뜻을 가진 명사이다.

• express 표현하다   • praise ❷ _____

답 ❶ 표현 ❷ 칭찬

대표 예제 4

다음은 도표의 네모에 들어갈 단어에 대한 영영 풀이이다. 빈칸에 가장 알맞은 것은?

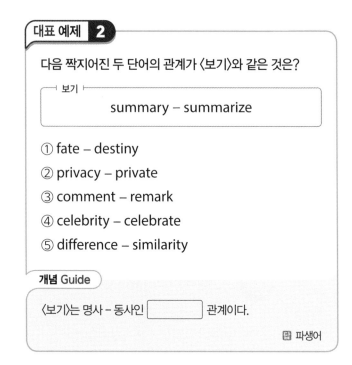

the money that you make by _____ things after paying the costs

① buying   ② giving   ③ selling

④ making   ⑤ gaining

개념 Guide

매출(Sales)에서 비용(Costs)을 뺀 것은 ❶ _____ 으로, 이에 해당하는 단어는 ❷ _____ 이다.

답 ❶ 수익 ❷ profit

대표 예제 5

다음 우리말을 영어로 옮길 때, 빈칸에 알맞은 단어를 모두 고르시오.

이 인턴직은 그 일에 대해 알게 될 좋은 기회이다.

This internship is a good _____ to learn about the job.

① debate   ② chance
③ contrast   ④ progress
⑤ opportunity

개념 Guide

우리말 '기회'는 chance나 ❶[   ]로 나타낸다.
• internship ❷[   ]

답 ❶ opportunity ❷ 인턴직

대표 예제 6

다음 그림을 보고, 문장의 빈칸에 알맞은 단어를 고르시오.

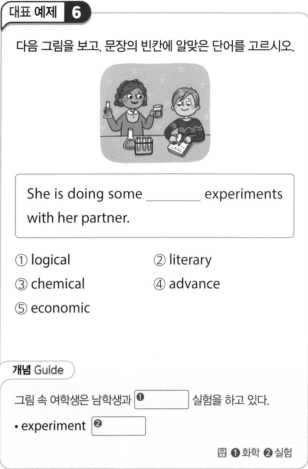

She is doing some _____ experiments with her partner.

① logical   ② literary
③ chemical   ④ advance
⑤ economic

개념 Guide

그림 속 여학생은 남학생과 ❶[   ] 실험을 하고 있다.
• experiment ❷[   ]

답 ❶ 화학 ❷ 실험

대표 예제 7

다음 중 밑줄 친 부분의 우리말 뜻이 바르지 <u>않은</u> 것은?

① Jinsu is a very intelligent student. (똑똑한)
② What is your next destination, Chris? (운명)
③ The news of the attack caused a panic. (공황)
④ There are big differences between them.
　　(차이점)
⑤ He gave his daughter a reward for passing the exam.
　　(~에 대한 보상)

개념 Guide

명사 destination은 '목적지, ❶[   ]'라는 뜻이다.
• cause 야기하다, ❷[   ]

답 ❶ 도착지 ❷ 초래하다

대표 예제 8

다음 중 밑줄 친 부분의 쓰임이 가장 <u>어색한</u> 것은?

① There's no logic in what he says.
② Repeat the whole process three times.
③ We were on a mission to explore the area.
④ The scholar has much knowledge of his field.
⑤ My dream is to be an architecture like my father.

개념 Guide

architecture는 '❶[   ]'이라는 의미이다.
• repeat ❷[   ]   • explore 탐험하다, 탐사하다

답 ❶ 건축학 ❷ 반복하다

대표 예제 9

다음 문장의 빈칸에 들어갈 단어로 가장 알맞은 것은?

> I signed a _____ with the company and started working for it.

① border
② destiny
③ contrast
④ contract
⑤ profession

개념 Guide

'회사와 ❶[   ]을 맺고 ❷[   ] 시작했다'라는 내용의 문장이다.

답 ❶ 계약 ❷ 근무하기

대표 예제 10

다음 문장의 빈칸에 공통으로 들어갈 단어를 주어진 철자로 시작하여 쓰시오.

> • Bees live together in a _____.
> • India was a _____ of England in the 19th century.

➡ c_____

개념 Guide

첫 번째 문장은 '벌들은 ❶[   ]을 이루어 함께 산다'라는 의미이고, 두 번째 문장은 '인도는 영국의 ❷[   ]였다'라는 의미이다.

답 ❶ 군집 ❷ 식민지

대표 예제 11

다음 문장의 밑줄 친 단어 중 아래 영영 풀이에 해당하는 것은?

> the layer of air or other gases around the Earth

① Her rude <u>remarks</u> made him angry.
② They held a <u>debate</u> on animal testing.
③ Buying goods is an <u>economic</u> activity.
④ Let me <u>summarize</u> the news article for you.
⑤ The levels of CO_2 in the <u>atmosphere</u> are rising.

개념 Guide

'지구 주변의 ❶[   ]나 다른 가스 층'이라는 뜻을 가진 단어는 ❷[   ]이다.

• rude 무례한   • article 글, 기사

답 ❶ 공기 ❷ atmosphere

대표 예제 12

다음 그림을 보고, 문장의 빈칸에 알맞은 말을 고르시오.

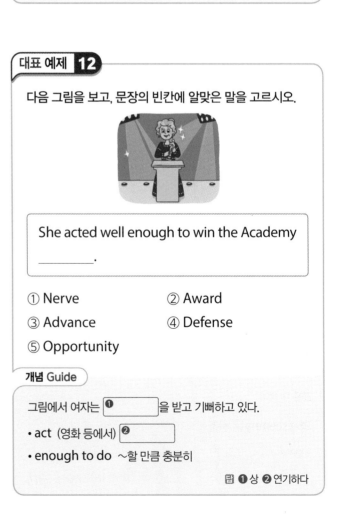

> She acted well enough to win the Academy _____.

① Nerve
② Award
③ Advance
④ Defense
⑤ Opportunity

개념 Guide

그림에서 여자는 ❶[   ]을 받고 기뻐하고 있다.

• act (영화 등에서) ❷[   ]
• enough to do ~할 만큼 충분히

답 ❶ 상 ❷ 연기하다

대표 예제 13

다음 문장의 빈칸에 공통으로 들어갈 단어로 가장 알맞은 것은?

- We provide our members with _____s such as free coupons.
- The new road brought lots of _____s to the area.

① panic
② insight
③ surface
④ benefit
⑤ heritage

개념 Guide

첫 번째 문장은 '회원에게 ❶[   ]을 제공한다'라는 의미이고, 두 번째 문장은 '지역에 혜택을 ❷[   ]'라는 의미이다.
• such as ~와 같은   • bring 가져다(제공해)주다

🔲 ❶ 혜택 ❷ 가져다주었다

대표 예제 14

다음 문장의 빈칸에 들어갈 단어를 〈보기〉에서 골라 쓰시오. (단, 〈보기〉의 형태 그대로 쓸 것)

┌ 보기 ┐
similarity   permission   loss   emergency

(1) My sister put on my clothes without _____.
(2) I found the _____ between you and your father.

(1) _____   (2) _____

개념 Guide

(1)은 '❶[   ] 없이'라는 의미가, (2)는 '너와 아버지 사이의 ❷[   ]'이라는 의미가 되어야 한다.

🔲 ❶ 허락 ❷ 유사성

대표 예제 15

다음 문장의 밑줄 친 단어와 바꾸어 쓸 수 있는 것은?

The scenery was beautiful and the hotel staff was friendly.

① border
② privacy
③ summary
④ landscape
⑤ revolution

개념 Guide

명사 scenery는 '풍경, ❶[   ]'라는 뜻이다.
• staff ❷[   ]   • friendly 친절한

🔲 ❶ 경치 ❷ 직원

대표 예제 16

다음 그림을 보고, 대화의 빈칸에 알맞은 말을 고르시오.

A: Why are you _____?
B: Well, because I'm not sure which way to go.

① literary
② hesitating
③ intelligent
④ permitting
⑤ professional

개념 Guide

소녀가 ❶[   ] 앞에서 어느 길로 갈지 몰라 ❷[   ] 있다.

🔲 ❶ 갈래길 ❷ 망설이고

[1~2] 다음 영영 풀이에 해당하는 단어로 알맞은 것을 고르시오.

1

the main information that is shortened from a writing, speech, etc.

① award　　　　② remark
③ insight　　　　④ celebrity
⑤ summary

Tip

'❶　　　　, 담화 등에서 축약된 ❷　　　　'라는 의미를 가진 단어를 생각해 본다.

답 ❶글 ❷주요 정보

Words shorten 짧게 하다
writing 글
speech 연설, 담화

2

sudden fear or worry that makes you unable to think clearly or calmly

① panic　　　　② nerve
③ mission　　　　④ process
⑤ advance

Tip

'분명하거나 침착하게 생각할 수 없게 만드는 갑작스러운 ❶　　　　 또는 ❷　　　　'이라는 의미를 가지는 단어를 생각해 본다.

답 ❶두려움 ❷걱정

Words sudden 갑작스러운
calmly 침착하게

3 다음 문장의 밑줄 친 단어의 영영 풀이로 가장 알맞은 것은?

He gave his daughter a <u>reward</u> because she stopped crying.

① a person who is famous
② the dividing line between two countries
③ a particular time when something happens
④ something good that is given for what you have done
⑤ a type of job that needs special education, training, or skill

Tip

그림에서 남자가 ❶　　　　을 그친 딸에게 ❷　　　　으로 아이스크림을 주고 있다. 이 의미를 설명하고 있는 것이 무엇인지 생각해 본다.

답 ❶울음 ❷보상

Words famous 유명한
divide 나누다, 가르다
particular 특정한

4 다음 우리말과 일치하도록 빈칸에 알맞은 단어를 쓰시오.

(1) The _____ of the road got wet with rain.

(도로 표면이 비에 젖었다.)

(2) She wants to know the quickest way to her _____.

(그녀는 목적지까지 가는 가장 빠른 길을 알고 싶어 한다.)

(3) Antoni Gaudi is one of the most famous _____(e)s from Spain.

(안토니 가우디는 가장 유명한 스페인 건축가 중 한 명이다.)

> **Tip**
>
> (1)에서 **❶**☐☐☐ 의 '표면', (2)에서 '목적지', (3)에서 세계적으로 **❷**☐☐☐ '건축가'에 해당하는 명사를 생각해 본다.
>
> 답 **❶** 도로 **❷** 유명한

Words quick 빠른

5 다음 짝지어진 두 단어의 관계가 나머지 넷과 <u>다른</u> 것은?

① logic – logical

② nerve – nervous

③ permission – permit

④ economy – economic

⑤ intelligence – intelligent

> **Tip**
>
> **❶**☐☐☐ – 형용사, 명사 – **❷**☐☐☐인 파생어 관계를 구분해 본다.
>
> 답 **❶** 명사 **❷** 동사

6 다음 글의 빈칸에 들어갈 단어로 가장 알맞은 것은?

> Dong-ju was born in 1917 near Yanbin, China. As a young boy, he loved sports, and he was a soccer player for his school. He also loved sewing so much that he sewed the numbers on all his friends' soccer uniforms. However, it was _____ that he loved most. In elementary school he wrote a lot of poems. He even made a literary magazine with his cousin, Song Mong-gyu.

① heritage

② similarity

③ literature

④ chemistry

⑤ profession

> **Tip**
>
> 윤동주 시인은 운동과 바느질을 좋아했지만, 가장 사랑한 것은 **❶**☐☐☐이었고, 초등학교 때 많은 시를 쓰고 사촌과 함께 문학 **❷**☐☐☐도 만들었다는 내용이다.
>
> 답 **❶** 문학 **❷** 잡지

Words sew 바느질하다
poem (한 편의) 시
magazine 잡지

1 다음 도표를 보고, 우리말과 일치하도록 빈칸에 알맞은 단어를 고르시오.

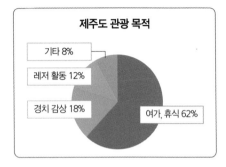

제주도 관광 목적

- 기타 8%
- 레저 활동 12%
- 경치 감상 18%
- 여가, 휴식 62%

The chart shows that 18% of tourists visit Jejudo to enjoy the _____.
(도표는 18퍼센트의 관광객이 경치를 즐기기 위해 제주도에 방문한다는 것을 보여준다.)

① order
② insight
③ scenery
④ chemical
⑤ intelligence

2 다음 중 품사가 같은 것끼리 짝지어진 것은?

ⓐ private ⓑ defense ⓒ nervous
ⓓ celebrate ⓔ summary ⓕ destination

① ⓐ, ⓑ
② ⓑ, ⓒ
③ ⓐ, ⓓ, ⓕ
④ ⓑ, ⓔ, ⓕ
⑤ ⓒ, ⓓ, ⓔ

3 다음 문장의 밑줄 친 단어 중 아래 영영 풀이에 해당하는 것은?

the process of getting better at doing something, or getting closer to finishing or achieving something

① She scored 162 on an intelligence test.
② He didn't permit visitors to take photos.
③ He made progress in solving the problem.
④ If you're in danger, press this emergency button.
⑤ The king knew that there was a threat of revolution.

4 다음 우리말과 일치하도록 빈칸에 알맞은 단어를 〈보기〉에서 골라 쓰시오.

┌─ 보기 ┐
profit   occasion   advance

(1) The advertisement of the new product has increased _____s.
(신제품의 광고는 수익을 증가시켰다.)

(2) The _____s in robotics will make our lives safer and easier.
(로봇 공학의 발전은 우리의 삶을 더 안전하고 더 쉽게 만들어 줄 것이다.)

Words

1 chart 도표, 차트   tourist 관광객   **3** achieve 이루다, 성취하다   score (시험 등에서) 점수를 받다   be in danger 위험에 빠지다
threat 협박, 위협   **4** advertisement 광고   product 제품   robotics 로봇 공학

5 다음 중 영어 단어와 우리말 뜻이 <u>잘못</u> 연결된 것은?

① debate – 토론, 토의

② contract – 차이, 대조

③ heritage – 유산, 전통

④ profession – 직업

⑤ panic – 극심한 공포, 공황

7 다음 글의 빈칸에 공통으로 들어갈 단어로 가장 알맞은 것은?

> Are you stressed or feeling low? Then here is some good news for you. A few simple steps can help you! First, go outdoors and get plenty of sunlight. According to scientists, this helps produce a special _____ in your brain, and the _____ makes you feel happy! Another thing you can do is exercise. This helps produce even more of the "happiness _____." Try these simple tips the next time you feel low. Instead of sitting in front of a screen, go outdoors and run around in the sun!

① contrast

② chemical

③ progress

④ economy

⑤ profession

6 다음 글의 네모 안에서 알맞은 단어를 골라 쓰시오.

> Mary Jackson was the character I liked the most of the three. She wanted to learn more about rocket science, but she wasn't allowed to go to a white school. So, she asked a judge to give her permission / compliment .

➡ _____

Words

6 character 성격; (책 등의) 등장인물   allow 허락하다   judge 판사   **7** stressed 스트레스를 받는   low (기분이) 우울한

outdoors 야외에서, 야외로   plenty of 많은   according to ~에 따르면   instead of ~ 대신에

A 영어 단어 카드의 지워진 부분을 채운 다음, 우리말 뜻과 바르게 연결하시오.

1. destiny 　　　　　　　　ⓐ 직업의, 전문적인

2. private 　　　　　　　　ⓑ 사적인, 개인적인

3. comment 　　　　　　　　ⓒ 운명, 숙명

4. revolution 　　　　　　　　ⓓ 논평, 의견

5. professional 　　　　　　　　ⓔ 혁명; 변혁

B 각 사람이 하는 말과 일치하도록 A에서 완성한 단어 중 알맞은 것을 골라 문장을 완성하시오.

1. 네게 좋은 생각이 있다면, 의견을 남겨 줘.

→ If you have a good idea, leave a ＿＿＿＿＿＿ .

2. 우리는 다시는 만나지 못할 운명이야.

→ It is our ＿＿＿＿＿＿ never to meet again.

3. 개인 생활과 직업 생활 사이에 균형을 유지해라.

→ Keep a balance between your personal and ＿＿＿＿＿＿ life.

C 카드의 우리말 뜻에 해당하는 영어 단어를 쓰고, 퍼즐에서 찾아 표시하시오. (→ 방향과 ↓ 방향으로 찾을 것)

학자
scholar

요약, 개요
_____

문학
_____

표면
_____

차이; 차이점
_____

과정
_____

국경, 경계
_____

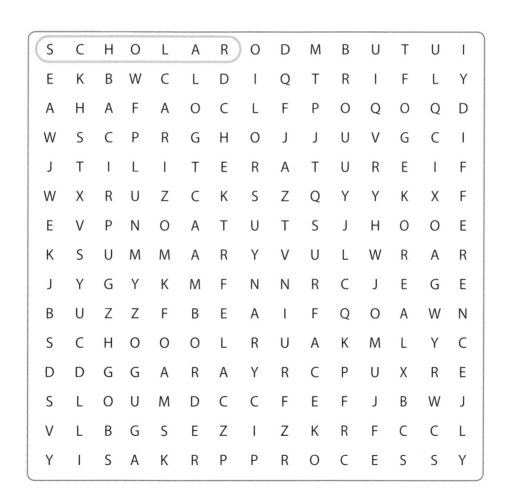

D 우리말 뜻을 참고하여 철자를 바른 순서로 배열하여 쓰시오.

1. _____ : 칭찬, 찬사

n	m	o	i	p
t	m	c	l	e	

2. _____ : 화학

m	s	h	y	e
	c	t	i	r	

3. _____ : 허락, 허가

i	n	i	r	s
m	p	s	o	e	

4. _____ : 경제, 경기

c	m	o	o
	n	e	y	

5. _____ : 보상; 보상하다

e	r	d	w	r	a

6. _____ : 임무, 사명

s	n	i	s
	o	m	i	

E 각 사람이 하는 말과 일치하도록 D에서 완성한 단어 중 알맞은 것을 골라 문장을 완성하시오.

1.

그 문을 통과하려면 우리는 허락을 구해아 해.

➡ We must ask [   ] to pass through the gate.

2.

나는 프로젝트를 마친 것에 대해 나에게 보상을 주었어.

➡ I gave myself a(n) [   ] for finishing the project.

3.

선생님의 칭찬이 오늘 나를 행복하게 했어.

➡ The teacher's [   ] made me happy today.

F 퍼즐을 완성하시오.

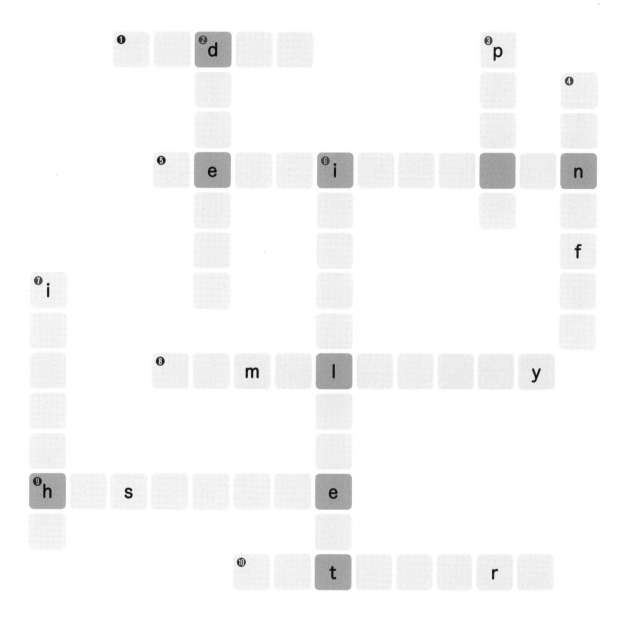

Across ▶

❶ disorder : _____ = profit : loss

❺ the place that someone or something is going to ➡ _____

❽ the _____ between the two cities
(두 도시 간의 유사성)

❾ _____ : 망설이다, 주저하다

❿ This book has no _____ value.
(이 책은 문학적 가치가 없다.)

Down ▼

❷ the act of protecting someone or something from attack ➡ _____

❸ _____ : 극심한 공포, 공황

❹ the _____(e)s of modern medicine
(현대 의학의 혜택)

❻ a(n) _____ conversation
(지적인 대화)

❼ _____ : 통찰(력), 식견

Week 1 1주 차에 학습한 어휘입니다. ◐, ◑, ◼, ◆ 에 알맞은 철자를 넣어 단어를 완성해 봅시다.
아는 단어에 ✔ 표시하고, 모르는 단어는 복습하세요.

- ☐ contac◐
- ☐ occur
- ☐ attach
- ☐ emphasize
- ☐ ig◆ore

© New Africa / Shutterstock

- ☐ shi◼t
- ☐ rui◆
- ☐ squeeze

- ☐ absorb
- ☐ measure
- ☐ con◼ess
- ☐ ◼etermine
- ☐ illustra◐e

- ☐ replace
- ☐ exten◼
- ☐ in◼luence
- ☐ assist
- ☐ re◼lect

© Ivmonica / Shutterstock

- ☐ iden◐ify
- ☐ obey
- ☐ hire
- ☐ ◼epend
- ☐ elec◐
- ☐ tra◆sport
- ☐ i◆crease
- ☐ ◼ix

- ☐ apprecia◐e
- ☐ won◼er
- ☐ co◆sider
- ☐ relieve
- ☐ expor◐
- ☐ ◼amage
- ☐ commit
- ☐ sweep
- ☐ pu◆ish
- ☐ attract

- ☐ inclu◼e
- ☐ chase
- ☐ inte◆d
- ☐ adap◐

📖 ◐ f ◼ t ◼ d ◆ n

Week 2 2주 차에 학습한 어휘입니다. ◆, ●, ▪, ◆ 에 알맞은 철자를 넣어 단어를 완성해 봅시다.
아는 단어에 ✔ 표시하고, 모르는 단어는 복습하세요.

- [ ] surface
- [ ] co▪ony
- [ ] ◆ebate

Pros / Cons

- [ ] border
- [ ] insi◆ht
- [ ] ▪ission
- [ ] benefit
- [ ] ◆estination
- [ ] scho▪ar
- [ ] panic

-88

- [ ] revolution
- [ ] at▪osphere
- [ ] e▪er●ency

- [ ] advance
- [ ] occasion
- [ ] comp▪iment

- [ ] profession
- [ ] lo●ic
- [ ] architect

- [ ] ◆ifference
- [ ] co▪ent
- [ ] progress
- [ ] summary
- [ ] chemistry
- [ ] per▪ission
- [ ] ◆efense

- [ ] ▪andscape
- [ ] contract
- [ ] ▪iterature
- [ ] econo▪y
- [ ] inte▪▪igence
- [ ] profit
- [ ] destiny
- [ ] herita●e

- [ ] celebrity
- [ ] nerve
- [ ] privacy
- [ ] ◆isorder
- [ ] opportunity
- [ ] rewar◆

답 ▪ l ● g ▪ m ◆ d

[1~2] 다음 그림표를 보고, 물음에 답하시오.

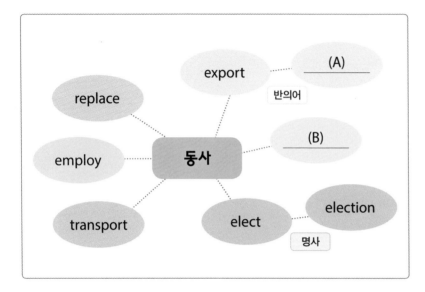

export 수출하다; 수출

❶ [   ] 대신(대체)하다; 교체
하다

employ 고용하다

transport 수송하다, 운송하다

elect ❷ [   ]

election 선거; 당선

답 ❶replace ❷선출하다

---

1 그림표의 빈칸 (A), (B)에 알맞은 단어를 각각 골라 쓰시오.

(A)　　increase　　　　import　　　　reflect

　　➡ _____

(B)　　identity　　　　punish　　　　assistance

　　➡ _____

Tip
(A) increase 증가하다, 늘다
import ❶ [   ] ; 수입
reflect (거울 등에 상을) 비추다; 반영
하다
(B) export, replace, employ,
transport, elect는 모두 ❷ [   ]
이다.
identity 신원, 신분
punish 처벌하다, 벌주다
assistance 도움, 원조, 지원

답 ❶수입하다 ❷동사

---

2 다음 〈조건〉에 맞게 문장을 완성하시오.

┌ 조건 ├─────────────────────
위 그림표의 단어 중 아래 영영 풀이에 해당하는 단어를 사용할 것
└────────────────────────────

to provide someone with a job that pays a salary

The school _____(e)d new teachers last semester.

Tip
'누군가에게 급여를 주는 일자리를
❶ [   ] '라는 의미를 가진 단어를
생각해 본다.
salary 급여, 월급
semester ❷ [   ]

답 ❶제공하다 ❷학기

[3~4] 다음 그림표를 보고, 물음에 답하시오.

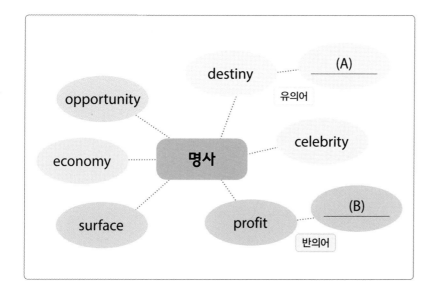

❶ [____] 운명, 숙명
opportunity 기회
economy 경제, 경기
surface 표면
profit **❷** [____]
celebrity 유명 인사

답 **❶** destiny **❷** 수익, 이익

3 그림표의 빈칸 (A), (B)에 알맞은 단어를 각각 골라 쓰시오.

| debate | fate | defense |
| logic | literature | loss |

(A) ➡ _____

(B) ➡ _____

Tip
debate 토론, 토의; 토론하다
❶ [____] 운명, 숙명
defense 방어, 보호
logic 논리
literature 문학
loss **❷** [____]

답 **❶** fate **❷** 손실, 손해; 상실

4 위 그림표에서 알맞은 단어를 골라 문장을 완성하시오.

(1) He became a(n) _____ after he appeared on a TV show.

(2) The ocean covers more than 70 percent of the _____ of the Earth.

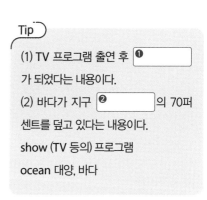

Tip
(1) TV 프로그램 출연 후 **❶** [____] 가 되었다는 내용이다.
(2) 바다가 지구 **❷** [____] 의 70퍼센트를 덮고 있다는 내용이다.
show (TV 등의) 프로그램
ocean 대양, 바다

답 **❶** 유명 인사 **❷** 표면

[5~6] 다음 그림표를 보고, 물음에 답하시오.

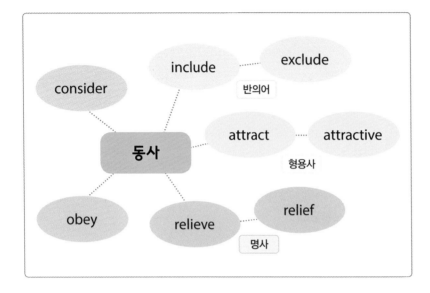

include **❶** ⬚, 포함시키다

exclude 제외하다, 배제하다

consider 고려하다, 숙고하다

❷ ⬚ 따르다, 복종하다

relieve 완화하다, 덜어 주다

relief 안도, 안심

attract 끌다, 끌어들이다

attractive 매력적인

답 ❶ 포함하다 ❷ obey

---

5 짝지어진 두 단어의 관계가 같도록 빈칸에 알맞은 단어를 위 그림표에서 찾아 쓰시오.

(1) relieve — relief _____ — consideration

(2) include — exclude _____ — disobey

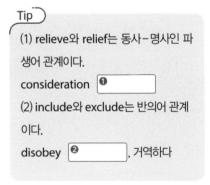

Tip
(1) relieve와 relief는 동사−명사인 파생어 관계이다.
consideration **❶** ⬚
(2) include와 exclude는 반의어 관계이다.
disobey **❷** ⬚, 거역하다

답 ❶ 고려, 숙고 ❷ 불복종하다

---

6 다음 그림을 보고, 위 그림표에서 알맞은 단어를 골라 문장의 밑줄 친 부분을 바르게 고쳐 쓰시오. (단, 필요한 경우, 형태를 변형할 것)

Tip
소녀가 들고 있는 물건이 목록에 **❶** ⬚ 되어 있는지 확인해 본다.
shopping list 쇼핑 리스트, 구입품목 **❷** ⬚

답 ❶ 포함 ❷ 목록

Chocolate is <u>included</u> from the shopping list.

➡ _____

[7~8] 다음 그림표를 보고, 물음에 답하시오.

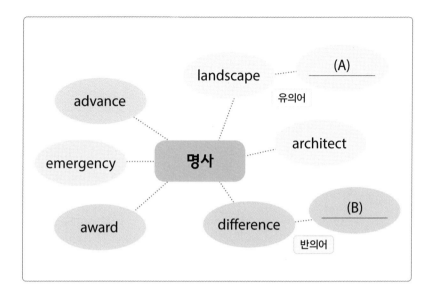

landscape 풍경, 경치

advance [❶ _____]; 진보(발전)하다

emergency 비상사태, 긴급 상황

[❷ _____] 상; (상 등을) 수여하다

difference 차이; 차이점

architect 건축가

답 ❶ 진보, 발전 ❷ award

7 그림표의 빈칸 (A), (B)에 알맞은 단어를 각각 골라 쓰시오.

| summary | scholar | scenery |
| chance | similarity | occasion |

(A) ➡ _____

(B) ➡ _____

Tip

summary 요약, 개요

scholar 학자

scenery [❶ _____]

chance 기회; 가능성

[❷ _____] 유사성; 유사점

occasion (특정한) 때, 경우

답 ❶ 풍경, 경치 ❷ similarity

8 위 그림표에서 알맞은 단어를 골라 문장을 완성하시오.

(1) The _____ is famous for designing eco-friendly buildings.

(2) The firefighters responded quickly to the _____, and nobody was killed or hurt.

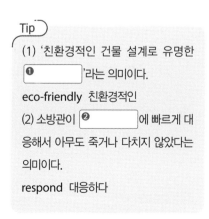

Tip

(1) '친환경적인 건물 설계로 유명한 [❶ _____]'라는 의미이다.

eco-friendly 친환경적인

(2) 소방관이 [❷ _____]에 빠르게 대응해서 아무도 죽거나 다치지 않았다는 의미이다.

respond 대응하다

답 ❶ 건축가 ❷ 비상사태

적중 예상 전략 | ❶

1 다음 짝지어진 두 단어의 관계가 나머지 넷과 <u>다른</u> 것은?

① relieve – relief

② assist – assistance

③ attract – attractive

④ consider – consideration

⑤ transport – transportation

2 다음 빈칸에 들어갈 단어가 순서대로 바르게 짝지어진 것은?

- increase : decrease = _____ : exclude
- damage : harm = fix : _____

① include – hire

② extend – repair

③ extend – attach

④ include – repair

⑤ influence – attach

3 다음 영영 풀이에 해당하는 단어로 가장 알맞은 것은?

to intend to pay no attention to someone or something

① shift   ② elect

③ attach   ④ export

⑤ ignore

4 다음 영영 사전 뜻풀이의 빈칸에 들어갈 말로 가장 알맞은 것은?

contact

1 *verb* (contact**s**, contact**ed**, contact**ing**)

to call or write to someone

2 *noun* (contact**s**)

the act of _____ with someone

① starting   ② playing

③ working   ④ breaking up

⑤ communicating

[5~6] 다음 문장의 밑줄 친 말과 바꾸어 쓸 수 있는 것을 고르시오.

5

I want to <u>hire</u> someone who will look after my house.

① obey   ② punish

③ employ   ④ influence

⑤ emphasize

6

The soldiers on horses were <u>chasing</u> a man.

① pursuing   ② relieving

③ squeezing   ④ replacing

⑤ measuring

7 다음 중 영어 단어와 우리말 뜻이 <u>잘못</u> 연결된 것은?

① import – 수입하다

② occur – 발생하다, 일어나다

③ weep – 울다, 눈물을 흘리다

④ commit – 빠뜨리다, 생략하다

⑤ determine – 결정하다; 결심하다

9 다음 우리말과 일치하도록 문장의 빈칸에 알맞은 단어를 〈보기〉에서 골라 쓰시오.

┌─ 보기 ─┐

absorb   reflect   illustrate

(1) 그의 음악은 자메이카 문화에 대한 그의 관심을 반영한다.

➡ His music _____s his interest in Jamaican culture.

(2) 그녀의 책에는 그녀가 여행 중에 찍은 사진들이 넣어져 있다.

➡ Her book is _____(e)d with photos that she took during the trip.

8 다음 사진을 보고, 문장의 빈칸에 알맞은 단어를 〈보기〉에서 골라 쓰시오.

┌─ 보기 ─┐

contact   transporation   relieve

© Stuart Monk / Shutterstock

(1) Our school provides us with _____ to and from school.

© Boonlert Saikrajang / Shutterstock

(2) He put an ice pack on his ankle to _____ the pain.

10 다음 네모 안에서 알맞은 단어를 골라 순서대로 바르게 짝지은 것은?

(A) These days, people depend / defend on their smartphones.

(B) Choose the appreciate / appropriate word to fill in the blank.

(C) We can identify / identity criminals through genetic information.

*genetic 유전자의

	(A)	(B)	(C)
①	depend	– appreciate	– identify
②	depend	– appropriate	– identify
③	depend	– appropriate	– identity
④	defend	– appropriate	– identity
⑤	defend	– appreciate	– identity

[11~12] 다음 문장의 빈칸에 공통으로 들어갈 단어로 알맞은 것을 고르시오.

11

> • She heard me, but she _____ed not to hear.
> • He _____ed that he lived in Paris, but he didn't.

① shift   ② sweep

③ attract   ④ pretend

⑤ disobey

12

> • The sugar in soft drinks can _____ your teeth.
> • The rumor _____ed the company's image.

① elect   ② obey

③ harm   ④ punish

⑤ consider

13 다음 중 밑줄 친 부분의 우리말 뜻이 바르지 <u>않은</u> 것은?

① Vitamin C helps the body to <u>absorb</u> iron.
　　　　　　　　　　　　　　　　　　(흡수하다)

② The tour <u>excludes</u> a visit to the museum.
　　　　　　　(제외한다)

③ He'll <u>measure</u> the temperature of the water.
　　　　　　(측정하다)

④ The man <u>confessed</u> he stole the necklace.
　　　　　　　(자백했다)

⑤ I really <u>appreciate</u> your inviting me to dinner.
　　　　　(진가를 알아보다)

14 다음 우리말과 일치하도록 문장의 밑줄 친 부분을 바르게 고쳐 쓰시오.

(1) He wasn't able to <u>assist</u> himself to the new school.

(그는 새로운 학교에 적응하지 못했다.)

➡ _____

(2) I saw my <u>reflect</u> in the window.

(나는 창문에 비친 내 모습을 보았다.)

➡ _____

15 다음 그림을 보고, 〈보기〉에서 알맞은 단어를 골라 문장을 완성하시오.

┌─ 보기 ──────────────────────┐
│　　weep　　transport　　ruin　　│
└──────────────────────────┘

(1) A storm struck the farm and _____ed all the apple trees.

(2) The farmer felt hopeless and began to _____ sadly.

16 다음 그림을 보고, 〈보기〉에서 알맞은 단어를 골라 문장의 밑줄 친 부분을 바르게 고쳐 쓰시오.

I'll do my best!

The Result of Voting
Jisu : 16
Sumin : 8
Minjun : 5

┌ 보기 ┐
emphasize   wonder   elect

(1) The girl got 16 votes and was <u>employed</u> as the class president.

➡ ＿＿＿＿＿＿＿(e)d

(2) She <u>extended</u> that she would do her best for every student.

➡ ＿＿＿＿＿＿＿(e)d

17 다음 영영 풀이가 옳은 것끼리 짝지어진 것은?

ⓐ <u>wander</u>: to walk slowly across or around an area
ⓑ <u>damage</u>: to make something broken, spoiled, or injured
ⓒ <u>disobey</u>: to do what someone tells you to do

① ⓐ, ⓑ   ② ⓐ, ⓒ
③ ⓑ, ⓒ   ④ ⓐ, ⓑ, ⓒ
⑤ 없음

18 다음 글의 빈칸에 들어갈 말로 가장 알맞은 것은?

Big data is ＿＿＿＿＿ almost all parts of our lives. It helps companies understand their customers' needs better and helps them sell more products. It helps people avoid heavy traffic. Its uses are endless.

① occurring   ② exporting
③ punishing   ④ influencing
⑤ decreasing

19 다음 글의 네모 안에서 알맞은 말을 골라 쓰시오.

Many young people are making the world a better place. For example, Carter and Olivia Ries have become leaders in saving animals. Although they are only teenagers, they have actually made a difference in the world. How were they able to do that? Let's hear from Carter.

When I was five, my little sister Olivia and I each [adopted / attracted] a cheetah. Did we raise cheetahs at home? No, we donated to a charity that protects wild cheetahs in South Africa. Our parents told us that if we did not protect them, we might not be able to see cheetahs in the near future.

We soon became interested in helping other endangered animals.

➡ ＿＿＿＿＿＿＿

적중 예상 전략 | ❷

1 다음 짝지어진 두 단어의 관계가 〈보기〉와 같은 것을 모두 고르시오.

┌─ 보기 ┐
nerve – nervous

① logic – logical
② literature – literary
③ celebrity – celebrate
④ permission – permit
⑤ summary – summarize

2 다음 빈칸에 들어갈 단어가 순서대로 바르게 짝지어진 것은?

• comment : remark = _____ : chance
• difference : similarity = _____ : attack

① order – panic
② order – revolution
③ occasion – defense
④ opportunity – defense
⑤ opportunity – revolution

3 다음 영영 풀이에 해당하는 단어로 가장 알맞은 것은?

the ability to understand situations in a clear way

① panic   ② insight
③ scholar   ④ benefit
⑤ heritage

4 다음 영영 사전 뜻풀이의 빈칸에 들어갈 단어로 가장 알맞은 것은?

emergency *noun* (emergenc**ies**)
a sudden and _____ situation that needs fast action to stop it

① safe   ② lucky
③ happy   ④ famous
⑤ dangerous

[5~6] 다음 문장의 밑줄 친 단어와 바꾸어 쓸 수 있는 것을 고르시오.

5

He is looking down at the peaceful scenery from the hill.

① nerve   ② colony
③ reward   ④ advance
⑤ landscape

6

They were born with a destiny to marry each other.

① fate   ② award
③ surface   ④ process
⑤ contrast

7 다음 중 영어 단어와 우리말 뜻이 <u>잘못</u> 연결된 것은?

① architect – 건축학

② intelligence – 지능

③ heritage – (문화)유산, 전통

④ celebrity – 유명 인사

⑤ progress – 발전, 진전

8 다음 그림을 보고, 문장의 빈칸에 알맞은 단어를 〈보기〉에서 골라 쓰시오.

┤ 보기 ├

occasion   nerve   disorder

(1) This _____ in the eye allows you to see.

© BNP Design Studio / Shutterstock

(2) This classroom is in _____. It should be cleaned.

9 다음 우리말과 일치하도록 문장의 빈칸에 알맞은 단어를 〈보기〉에서 골라 쓰시오.

┤ 보기 ├

privacy   intelligence   chemical

(1) 이 화학물질은 잡초를 제거하는 데 사용된다.

➡ This _____ is used to remove weeds.

(2) 너는 다른 사람들의 사생활권을 존중해야 한다.

➡ You should respect other people's right to _____.

10 다음 네모 안에서 알맞은 단어를 골라 순서대로 바르게 짝지은 것은?

(A) Here is a summary / literature of tonight's main news stories.

(B) Many people crossed the order / border because of war.

(C) According to the contract / contrast, he must finish the job this month.

	(A)	(B)	(C)
①	summary	– order	– contract
②	summary	– border	– contrast
③	summary	– border	– contract
④	literature	– border	– contrast
⑤	literature	– order	– contract

[11~12] 다음 문장의 빈칸에 공통으로 들어갈 단어로 알맞은 것을 고르시오.

11
• The athletes can expect great _____(e)s if they win.
• The prize was a(n) _____ for all her hard work.

① loss
② logic
③ reward
④ attack
⑤ compliment

12
• High oil prices have a serious impact on the world _____.
• The growth of tourism will help the city's _____.

① chance
② benefit
③ similarity
④ economy
⑤ comment

13 다음 중 밑줄 친 부분의 우리말 뜻이 바르지 않은 것은?
① I'll take that as a compliment. (칭찬)
② Brazil was a colony of Portugal. (식민지)
③ The plane arrived at its destination safely. (출발지)
④ Tears keep the surface of your eyeball clean. (표면)
⑤ My mother was shocked at my choice of profession. (직업)

14 다음 우리말과 일치하도록 문장의 밑줄 친 부분을 바르게 고쳐 쓰시오.
(1) The defense about food safety will be held tomorrow.
(내일 식품 안전에 관한 토론이 열릴 것이다.)
➡ _____
(2) Do not enter this room without permit.
(허가 없이 이 방에 들어가지 마라.)
➡ _____

15 다음 영화 속 한 장면을 보고, 〈보기〉에서 알맞은 단어를 골라 문장을 완성하시오.

┌─ 보기 ─┐
atmosphere   heritage   mission

(1) The man was sent on a(n) _____ to search for life on Mars.
(2) He wears a spacesuit because there is not enough oxygen in the _____.

16 다음 그림을 보고, 〈보기〉에서 알맞은 단어를 골라 문장의 밑줄 친 부분을 바르게 고쳐 쓰시오.

┌─ 보기 ─────────────────────────┐
  benefit   progress   similarity
└───────────────────────────────┘

(1) I'll make my son a tomato salad. It has many health <u>profits</u>.

　➡ ＿＿＿＿＿＿＿(e)s

(2) I like apples better. The only <u>difference</u> between tomatoes and apples is the color.

　➡ ＿＿＿＿＿＿＿

17 다음 글의 빈칸에 들어갈 단어로 가장 알맞은 것은?

┌─────────────────────────────┐
　　My name is Kim Jieun. I am an artist who uses technology. There was a special moment when I decided what I wanted to be. Back in 2030, I made a small statue using technology. It was a great ＿＿＿＿＿ to learn about using technology for arts. Thus, I decided to go to a technical high school. After I graduated from high school, I entered Korea Art College and learned more about arts and technology. This year, I held my first exhibition. I am very satisfied with my life.
└─────────────────────────────┘

① attack　　　　　② chance
③ remark　　　　　④ contract
⑤ compliment

18 다음 영영 풀이가 옳은 것끼리 짝지어진 것은?

┌─────────────────────────────┐
　ⓐ <u>loss</u>: the money you make by selling things after paying the cost
　ⓑ <u>scholar</u>: a person who has studied a subject for a long time
　ⓒ <u>process</u>: a series of actions to get a result
└─────────────────────────────┘

① ⓐ, ⓑ　　　　　　② ⓐ, ⓒ
③ ⓑ, ⓒ　　　　　　④ ⓐ, ⓑ, ⓒ
⑤ 없음

19 다음 글의 네모 안에서 알맞은 단어를 골라 쓰시오.

┌─────────────────────────────┐
　　Have you heard of Nam Jahyun? She was a female independence fighter. When her husband died during the war, she decided to fight for independence. In 1919, Nam Jahyun moved to Manchuria. Then, she built schools and educated women there. When she was arrested by the Japanese in 1933, she had tried to kill Japanese officers. After she had been in prison for six months, she was released and died shortly after. In 1962, to honor her work fighting for independence, the government gave her an order / award .
└─────────────────────────────┘

➡ ＿＿＿＿＿＿＿

고득점을 예약하는 내신 대비서

어휘

영어전략

중학3

시험에 잘 나오는

개념BOOK 1

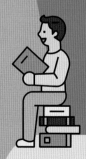

천재교육

영어전략

어휘

영어전략
중학 3

시험에 잘 나오는
개념BOOK1

개념BOOK 하나면
영어 공부 끝!

BOOK 1

차례

01 contact | occur

- contact 동 **❶** [ ] 명 연락

He is tying to contact the girl.

➡ 그는 그 소녀에게 **연락하려고** 하고 있다.

- occur 동 **❷** [ ], 일어나다

Earthquakes can occur at any time.

➡ 지진은 언제든 **발생할** 수 있다.

© Tom Wang / Shutterstock

답 ❶ 연락하다 ❷ 발생하다

개념 CHECK

우리말을 참고하여 빈칸에 알맞은 단어를 쓰시오.

- Natural disasters _____ in many places around the world.

자연재해는 전 세계 여러 곳에서 발생한다.

답 occur

02 attach | emphasize

- **attach** 툉 붙이다, ❶ ⬚⬚⬚⬚⬚⬚⬚

She attached some stickers to her sketchbook.

➡ 그녀는 스케치북에 스티커를 몇 개 **붙였다.**

- **emphasize** 툉 ❷ ⬚⬚⬚⬚⬚

I want to emphasize the value of time.

➡ 나는 시간의 가치를 **강조하고** 싶다.

© Nitr / Shutterstock

답 ❶ 첨부하다 ❷ 강조하다

개념 CHECK

우리말을 참고하여 빈칸에 알맞은 단어를 쓰시오.

- They _____ the importance of learning a foreign language.

  그들은 외국어를 배우는 것의 중요성을 강조한다.

답 emphasize

03 ignore | shift

- ignore 동 **❶** [   ]

She kept asking him questions, but he ignored her.

➡ 그녀는 그에게 계속 질문했지만, 그는 그녀를 **무시했다.**

© New Africa / Shutterstock

- shift 동 **❷** [   ], 옮기다 명 변화

Will you help me to shift this sofa?

➡ 제가 이 소파를 **이동하는** 것을 도와주시겠어요?

© Pix11 / Shutterstock

답 **❶** 무시하다 **❷** 이동하다

개념 CHECK

우리말을 참고하여 빈칸에 알맞은 단어를 쓰시오.

- It won't be easy for them to _____ his opinion.

  그들이 그의 의견을 무시하기는 쉽지 않을 것이다.

답 ignore

04 ruin | squeeze

• ruin   통 망치다, **❶** [   ]   명 (-s) 잔해, 폐허

The houses were ruined by the flood.

➡ 그 집들은 홍수에 **파괴되었다**.

• squeeze   통 (액체 등을) **❷** [   ], 짜내다

He's squeezing the juice from the lemon.

➡ 그는 레몬에서 과즙을 **짜내고** 있다.

답 ❶ 파괴하다 ❷ 짜다

개념 CHECK

우리말을 참고하여 빈칸에 알맞은 단어를 쓰시오.

• The bad weather _____(e)d the party.

     나쁜 날씨가 파티를 망쳤다.

답 ruin

05   absorb | measure

- absorb   동 ❶ [＿＿＿＿], 빨아들이다

This towel absorbs sweat very well.

➡ 이 수건은 땀을 매우 잘 **흡수한다**.

- measure   동 ❷ [＿＿＿＿], 재다

You can measure the height of the
table with a ruler.

➡ 너는 자로 탁자의 높이를 **잴** 수 있다.

답 ❶ 흡수하다 ❷ 측정하다

개념 CHECK

우리말을 참고하여 빈칸에 알맞은 단어를 쓰시오.

- Plant roots ＿＿＿＿＿＿ water.

　식물의 뿌리는 물을 흡수한다.

답 absorb

06 confess | determine

- **confess** 동 자백하다; **❶ [   ]**

He confessed to his crime after he was arrested.

➡ 그는 체포된 후 자신의 범행을 **자백했다**.

- **determine** 동 **❷ [   ]**; 결심하다

Your future will be determined by your attitude.

➡ 너의 미래는 너의 태도에 의해 **결정될** 것이다.

© Maridav / Shutterstock

답 ❶ 인정하다 ❷ 결정하다

개념 CHECK

우리말을 참고하여 빈칸에 알맞은 단어를 쓰시오.

• We must _____ what equipment to use.
  우리는 어떤 장비를 사용할지 결정해야 한다.

답 determine

07 illustrate | replace

- **illustrate** 동 [**❶**]; (예를 들어) 설명하다

They will illustrate the textbook.

➡ 그들은 교과서에 **삽화를 넣을** 것이다.

- **replace** 동 대신[대체]하다; [**❷**].

The factory replaced its workers with machines.

➡ 그 공장은 근로자들을 기계로 **대체했다.**

© Macrovector / Shutterstock

답 ❶ 삽화를 넣다 ❷ 교체하다

개념 CHECK

우리말을 참고하여 빈칸에 알맞은 단어를 쓰시오.

- There is no player on the team to _____ him.

  그 팀에는 그를 대신할 선수가 없다.

답 replace

08   extend | influence

• extend   동 ❶ [　　　　] ; (팔 등을) 뻗다

He is extending his hand to give me a key.

➡ 그는 나에게 열쇠를 주기 위해 손을 **뻗고** 있다.

• influence   동 ❷ [　　　　]   명 영향(력)

The speech influenced many people.

➡ 그 연설은 많은 사람들에게 **영향을** 주었다.

© smolaw / Shutterstock

답 ❶ 연장하다 ❷ 영향을 주다

개념 CHECK

우리말을 참고하여 빈칸에 알맞은 단어를 쓰시오.

• The musical has been ＿＿＿＿＿(e)d for another six weeks.

그 뮤지컬은 6주 더 연장되었다.

답 extend

09 assist - assistance | reflect - reflection

- **assist** 동 **❶**[   ], 보조하다
- **assistance** 명 도움, 원조, 지원

If you can't do the job alone, I can
assist / assistance you.

➡ 네가 그 일을 혼자 할 수 없다면, 내가 너를 도울 수 있다.

© Szasz-Fabian Jozsef / Shutterstock

- **reflect** 동 (거울 등에 상을) 비추다; 반영하다
- **reflection** 명 (거울 등에 비친) **❷**[   ]; 반영

The clouds in the sky are reflected /
reflection in the lake.

➡ 하늘의 구름이 호수에 비치고 있다.

© lvmonica / Shutterstock

답 ❶ 돕다 ❷ 상

개념 CHECK

우리말을 참고하여 빈칸에 알맞은 단어를 쓰시오.

- We'll provide _____ to people in need.

  우리는 어려움에 처한 사람들에게 원조를 제공할 것이다.

답 assistance

- identify 　　동 (신원 등을) 확인하다, 알아보다
- identity 　　명 ❶ 　　　　 , 신분

His identify / identity was revealed.

➡ 그의 신원이 밝혀졌다.

ⓒ Getty Images Bank

- obey 　　동 따르다, 복종하다
- disobey 　　동 불복종하다, ❷ 　　　　

The knight always obeyed / disobeyed
the queen's orders.

➡ 그 기사는 언제나 여왕의 명령에 따랐다.

답 ❶ 신원 ❷ 거역하다

개념 CHECK

우리말을 참고하여 빈칸에 알맞은 단어를 쓰시오.

- She was afraid to ＿＿＿＿＿＿ her mother.
그녀는 어머니 말씀을 거역하는 것이 두려웠다.

답 disobey

11 hire - employ | depend - defend

- hire 동 **❶** ⬚
- employ 동 고용하다

The company will hire(employ) an expert.

➡ 그 회사는 전문가를 **고용할** 것이다.

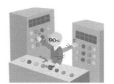

- depend 동 (~ on) 의존하다, 의지하다
- defend 동 **❷** ⬚, 수비하다

The knight are ready to depend / defend their castle.

➡ 그 기사들은 그들의 성을 **방어할** 준비가 되어 있다.

© Tartila / Shutterstock

답 ❶ 고용하다 ❷ 방어하다

개념 CHECK

우리말을 참고하여 빈칸에 알맞은 단어를 쓰시오.

- The baby birds totally _____ on their mom.

그 아기 새들은 어미에게 전적으로 의존한다.

답 depend

12 elect - election | transport - transportation

- elect　　　　　　图 선출하다
- election　　　　　명 ❶ [　　　　　]; 당선

She won the elect / election .

➡ 그녀는 선거에서 이겼다.

- transport　　　　　图 수송하다, 운송하다
- transportation　　명 수송, 운송; ❷ [　　　　]

They use containers to transport /
transportation items.

➡ 그들은 상품을 **수송하기** 위해 컨테이너를 이용한다.

© johavel / Shutterstock

답 ❶ 선거 ❷ 교통수단

개념 CHECK

우리말을 참고하여 빈칸에 알맞은 단어를 쓰시오.

- The girl was _____ed as the class president.

그 소녀는 반장으로 선출되었다.

답 elect

13 increase - decrease | fix - repair

- **increase** 〔동〕증가하다, ❶ [＿＿＿＿＿]
- **decrease** 〔동〕감소하다, 줄다

The size of audiences ⎡increased /
decreased⎤ greatly in April.

➡ 4월에 관객의 규모가 크게 **증가했다.**

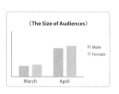

〈The Size of Audiences〉

■ Male
■ Female

March   April

- **fix** 〔동〕❷ [＿＿＿＿＿], 고치다
- **repair** 〔동〕수리하다, 고치다

He will fix(repair) the computer.

➡ 그는 컴퓨터를 **수리할** 것이다.

© Golubovy / Shutterstock

〔답〕❶ 늘다 ❷ 수리하다

개념 CHECK

우리말을 참고하여 빈칸에 알맞은 단어를 쓰시오.

- The population is expected to ＿＿＿＿＿＿.

  인구가 감소할 것으로 예상된다.

〔답〕decrease

14 appreciate – appropriate ┃ wonder – wander

- appreciate 동 고마워하다; 진가를 알아보다
- appropriate 형 **❶** [　　　], 적합한

> You need to choose appreciate / appropriate clothes for the party.
>
> ➡ 너는 파티에 **적절한** 옷을 골라야 한다.
>
>
>
> © Monkey Business Images / Shutterstock

- wonder 동 궁금하다, 궁금해하다
- wander 동 거닐다, **❷** [　　　]

> I wonder / wander who the boy is.
>
> ➡ 나는 그 소년이 누구인지 **궁금하다**.
>
>

답 ❶ 적절한 ❷ 돌아다니다

개념 CHECK

우리말을 참고하여 빈칸에 알맞은 단어를 쓰시오.

- I really _____ your kindness.
  당신의 친절에 정말 감사드립니다.

답 appreciate

15   consider - consideration │ relieve - relief

- **consider**   동 고려하다, ❶ [＿＿＿＿]
- **consideration**   명 고려, 숙고

This issue needs careful [consider / consideration].

➡ 이 문제는 신중한 **고려**가 필요하다.

© Ph_Stephan / Shutterstock

- **relieve**   동 완화하다, 덜어 주다
- **relief**   명 ❷ [＿＿＿＿], 안심

He took medicine to [relieve / relief] pain.

➡ 그는 통증을 **완화하기** 위해 약을 먹었다.

© Grycaj / Shutterstock

답 ❶ 숙고하다 ❷ 안도

개념 CHECK

우리말을 참고하여 빈칸에 알맞은 단어를 쓰시오.

- I need some time to ＿＿＿＿＿＿＿＿ their offer.

  나는 그들의 제안을 숙고할 시간이 좀 필요하다.

답 consider

16 export – import │ damage – harm

- **export** 통 수출하다 명 수출
- **import** 통 수입하다 명 **❶** [_____]

We export / import tea from China.

➡ 우리는 중국에서 차를 수입한다.

- **damage** 통 손상을 주다, 손상시키다 명 손상, 손해
- **harm** 통 **❷** [_____], 해를 끼치다 명 해, 손해

Smoking can damage(harm) your lungs.

➡ 흡연은 폐를 손상시킬 수 있다.

© solar22 / Shutterstock

답 ❶ 수입 ❷ 손상시키다

개념 CHECK

우리말을 참고하여 빈칸에 알맞은 단어를 쓰시오.

- Brazil _____s coffee around the world.

  브라질은 전 세계에 커피를 수출한다.

답 export

17 commit - omit | sweep - weep

- **commit** 동 저지르다, 범하다
- **omit** 동 ❶ [   ], 생략하다

The politician said that he didn't
[commit / omit] such a crime.

➡ 그 정치인은 그러한 범죄를 **저지르지** 않았다고 말했다.

- **sweep** 동 ❷ [   ], 털다
- **weep** 동 울다, 눈물을 흘리다

She began to [sweep / weep] sadly.

➡ 그녀는 슬프게 **울기** 시작했다.

답 ❶ 빠뜨리다 ❷ 쓸다

개념 CHECK

우리말을 참고하여 빈칸에 알맞은 단어를 쓰시오.

- Mark helps Amy to _____ the floor.

  Mark는 Amy가 바닥을 쓰는 것을 도와준다.

답 sweep

18 punish - punishment | attract - attractive

- punish   동 처벌하다, 벌주다
- punishment   명 처벌, ❶ ____

The | punish / punishment | was very fair.

➡ 그 **처벌**은 아주 타당했다.

© sebra / Shutterstock

- attract   동 끌다, 끌어들이다
- attractive   형 ❷ ____

How can we | attract / attractive | more visitors to our website?

➡ 어떻게 우리 웹사이트로 더 많은 방문객을 **끌어들일** 수 있을까?

© Getty Images Korea

답 ❶ 벌 ❷ 매력적인

개념 CHECK

우리말을 참고하여 빈칸에 알맞은 단어를 쓰시오.

- They made a(n) _____ offer.

  그들은 매력적인 제안을 했다.

답 attractive

19 include – exclude | chase – pursue

- **include** 동 포함하다, 포함시키다
- **exclude** 동 [**❶**], 배제하다

Ball games | include / exclude | soccer, baseball, basketball, tennis, etc.

➡ 구기 종목은 축구, 야구, 농구, 테니스 등을 포함한다.

© Chones / Shutterstock

- **chase** 동 뒤쫓다, [**❷**]; 추구하다
- **pursue** 동 뒤쫓다; 추구하다

The drone was chasing(pursuing) a car.

➡ 드론이 한 차량을 뒤쫓고 있었다.

© Getty Images Bank

답 ❶ 제외하다 ❷ 추적하다

개념 CHECK

우리말을 참고하여 빈칸에 알맞은 단어를 쓰시오.

- This price _____s the tax.

  이 가격은 세금을 포함한다.

답 include

20 intend - pretend ┃ adapt - adopt

- intend   통 **①** [⬚⬚⬚⬚⬚], ~할 작정이다
- pretend   통 ~인 척하다

The girl closed her eyes and
[intended / pretended] to be asleep.

➡ 그 소녀는 눈을 감고 잠든 척했다.

© Yuganov Konstantin / Shutterstock

- adapt   통 적응하다; 각색하다
- adopt   통 **②** [⬚⬚⬚⬚⬚]

I'm trying to [adapt / adopt] to the
new school.

➡ 나는 새 학교에 적응하려고 노력 중이다.

© smolaw / Shutterstock

답 **①** 의도하다 **②** 입양하다

개념 CHECK

우리말을 참고하여 빈칸에 알맞은 단어를 쓰시오.

- I _____ to study hard this year.
  나는 올해 열심히 공부할 작정이다.

답 intend

21 surface | colony

• **surface** 명 ❶ [   ]

The surface of the table is smooth.

➡ 탁자의 **표면**이 매끈하다.

© kibri_ho / Shutterstock

• **colony** 명 (동·식물의) 군락, 군집; ❷ [   ]

They found a colony of penguins.

➡ 그들은 펭귄 **군집**을 발견했다.

답 ❶ 표면 ❷ 식민지

개념 CHECK

우리말을 참고하여 빈칸에 알맞은 단어를 쓰시오.

• She told me to clean the _____ of a desk.
그녀는 나에게 책상의 표면을 닦으라고 말했다.

답 surface

- **debate** 명 **❶**[＿＿＿＿], 토의 동 토론하다

What is the topic of the debate?

➡ **토론**의 주제는 무엇입니까?

© Getty Images Korea

- **border** 명 **❷**[＿＿＿＿], 경계

Niagara Falls is located on the border between the USA and Canada.

➡ 나이아가라 폭포는 미국과 캐나다 사이의 **국경**에 위치해 있다.

© Jam Norasett / Shutterstock

답 **❶** 토론 **❷** 국경

개념 CHECK

우리말을 참고하여 빈칸에 알맞은 단어를 쓰시오.

- You can't cross the ＿＿＿＿＿＿ without a visa.

너는 비자 없이 국경을 건널 수 없다.

답 border

insight | mission

- insight   명 **❶** [　　　　], 식견

She is an artist of great insight.

➡ 그녀는 대단한 **통찰력**을 가진 예술가이다.

© Golubovy / Shutterstock

- mission   명 임무, **❷** [　　　　]

We were on a mission to explore the sea.

➡ 우리는 바다를 탐험하는 **임무**를 띠고 있었다.

© fenkieandreas / Shutterstock

답 ❶ 통찰(력) ❷ 사명

개념 CHECK

우리말을 참고하여 빈칸에 알맞은 단어를 쓰시오.

- It will be a difficult _____ for us.

  그것은 우리에게 어려운 임무가 될 것이다.

답 mission

24 benefit | destination

- ## benefit
  명 ❶ [   ], 이득

  She has had the benefit of the best education.

  ➡ 그녀는 최고의 교육 **혜택**을 받았다.

  © Getty Images Bank

- ## destination
  명 목적지, ❷ [   ]

  He drove to his destination.

  ➡ 그는 운전해서 **목적지**까지 갔다.

  © ji xiaoping / Shutterstock

답 ❶ 혜택 ❷ 도착지

개념 CHECK

우리말을 참고하여 빈칸에 알맞은 단어를 쓰시오.

- There is no _____ in changing the system.
  시스템을 바꾸는 것은 아무런 이득이 없다.

답 benefit

- scholar 명 ❶ [_____]

He is a respected scholar in his field.

➡ 그는 자기 분야에서 존경받는 **학자**이다.

- panic 명 ❷ [_____], 공황

She screamed in panic.

➡ 그녀는 **극심한 공포**에 질려 비명을 질렀다.

답 ❶ 학자 ❷ 극심한 공포

개념 CHECK

우리말을 참고하여 빈칸에 알맞은 단어를 쓰시오.

- The news of the war caused a _____.

전쟁 소식은 공황을 일으켰다.

답 panic

26 revolution | atmosphere

- revolution 명 ❶ [   ]; 변혁

The French Revolution began in 1789.

➡ 프랑스 **혁명**은 1789년에 시작되었다.

© Barry Barnes / Shutterstock

- atmosphere 명 대기; ❷ [   ]

The gases are warming the Earth's atmosphere.

➡ 그 가스는 지구의 **대기**를 데우고 있다.

© Ziablik / Shutterstock

답 ❶ 혁명 ❷ 분위기

개념 CHECK

우리말을 참고하여 빈칸에 알맞은 단어를 쓰시오.

- The _____ brought big social changes.

  그 혁명은 큰 사회적 변화를 가져왔다.

답 revolution

- emergency 명 [① ⬚⬚⬚⬚], 긴급 상황

You should press this button in an emergency.

➡ 비상시에 너는 이 버튼을 눌러야 한다.

- advance 명 [② ⬚⬚⬚⬚], 발전 동 진보(발전)하다

We live in an age of fast technological advances.

➡ 우리는 빠른 기술 **발전**의 시대에 살고 있다.

© Halfpoint / Shutterstock

답 ❶ 비상사태 ❷ 진보

개념 CHECK

우리말을 참고하여 빈칸에 알맞은 단어를 쓰시오.

- The government has to take _____ action.

정부는 비상조치를 취해야 한다.

답 emergency

- occasion　　　명 (특정한) ❶ [　　　　], 경우

I'll let the fish go on this occasion.

➡ 이번 **경우**에는 물고기들을 보내줄 것이다.

- compliment　　　명 ❷ [　　　　], 찬사

Thanks for the compliment.

➡ **칭찬**에 감사드립니다.

© VIACHESLAVKRYLOV / Shutterstock

답 ❶ 때 ❷ 칭찬

개념 CHECK

우리말을 참고하여 빈칸에 알맞은 단어를 쓰시오.

- I felt good when he gave me a(n) _____.

그가 나에게 칭찬을 해 주었을 때 나는 기분이 좋았다.

답 compliment

- **profession**   몡 (전문적인) **❶** ⬚⬚⬚⬚⬚
- **professional**   혱 직업의, 전문적인

> I'm a nurse by │ profession /
> professional │.
> ➡ 나의 **직업**은 간호사이다.

© Getty Images Korea

- **logic**   몡 논리
- **logical**   혱 **❷** ⬚⬚⬚⬚⬚ ; 타당한

> It's easy to understand his │ logic /
> logical │.
> ➡ 그의 **논리**는 이해하기 쉽다.

© leungchopan / Shutterstock

뎝 ❶ 직업 ❷ 논리적인

개념 CHECK

우리말을 참고하여 빈칸에 알맞은 단어를 쓰시오.

- She wants to become a _____ violinist.

  그녀는 전문 바이올리니스트가 되고 싶어 한다.

뎝 professional

30 architect - architecture | difference - similarity

- architect 　　　명 ❶ [　　　　　　]
- architecture 　　명 건축학; 건축 양식

The [architect / architecture] designed
the building.

➡ 그 건축가가 그 건물을 설계했다.

- difference 　　　명 차이; ❷ [　　　　　]
- similarity 　　　명 유사성; 유사점

There're [differences / similarities]
between Jenny and her mother.

➡ Jenny와 그녀의 엄마 사이에는 유사점들이 있다.

정답 ❶ 건축가 ❷ 차이점

개념 CHECK

우리말을 참고하여 빈칸에 알맞은 단어를 쓰시오.

- She is interested in traditional _____.
  그녀는 전통 건축 양식에 관심이 있다.

정답 architecture

- comment 명 **❶** _____, 의견
- remark 명 논평, 발언

I wrote comments(remarks) on the issue.

➡ 나는 그 문제에 대해 **논평**을 썼다.

- progress 명 발전, 진전
- process 명 **❷** _____

Doing homework is part of the learning | process / progress |.

➡ 숙제를 하는 것은 학습 **과정**의 일부이다.

답 **❶** 논평 **❷** 과정

개념 CHECK

우리말을 참고하여 빈칸에 알맞은 단어를 쓰시오.

- His polite _____(e)s made me happy.

그의 공손한 말이 나를 기쁘게 했다.

답 comment(remark)

32 summary - summarize | chemistry - chemical

- summary   명 요약, 개요
- summarize   동 ❶ [　　　　　]

> Summary / Summarize the book in
> less than 1,000 words.
>
> ➡ 그 책을 1,000단어 이내로 요약하시오.

- chemistry   명 ❷ [　　　　　]
- chemical   형 화학의, 화학적인   명 화학물질

> C is the chemistry / chemical symbol
> for carbon.
>
> ➡ C는 탄소를 나타내는 화학 기호이다.

탄소

답 ❶ 요약하다 ❷ 화학

개념 CHECK

우리말을 참고하여 빈칸에 알맞은 단어를 쓰시오.

- Here is a ＿＿＿＿＿＿ of the news.

  간추린 뉴스를 말씀드리겠습니다.

답 summary

permission - permit | defense - attack

- permission   명 [❶   ], 허가
- permit   동 허용하다, 허락하다

Food and drinks are not permission / permitted in this room.

➡ 이 방에서는 음식물이 **허용되지** 않는다.

© rifkhas / Shutterstock

- defense   명 방어, 보호
- attack   명 [❷   ] 동 공격하다

The defense / attack started early in the morning.

➡ 그 **공격**은 아침 일찍 시작되었다.

답 ❶ 허락 ❷ 공격

개념 CHECK

우리말을 참고하여 빈칸에 알맞은 단어를 쓰시오.

- You can't take a picture without _____.

너는 허가 없이 사진을 찍을 수 없다.

답 permission

landscape - scenery │ contract - contrast

- landscape 　명 풍경, 경치
- scenery 　명 **❶**〔　　　〕, 경치

The tourists were amazed by the landscape(scenery).

➡ 관광객들은 그 **풍경**에 놀라워했다.

© Fabio tomat / Shutterstock

- contract 　명 계약, 계약서
- contrast 　명 **❷**〔　　　〕, 대조 　동 대조하다

He has signed a │ contract / contrast │ with the company.

➡ 나는 그 회사와 **계약**을 맺었다.

© Stokkete / Shutterstock

　　　　　　　　　　　　　　　　답 ❶ 풍경 ❷ 차이

개념 CHECK

우리말을 참고하여 빈칸에 알맞은 단어를 쓰시오.

- We drove along the road to see the _____.

　우리는 풍경을 보기 위해 도로를 따라 운전했다.

　　　　　　　　　　　　　　　답 landscape (scenery)

35 · literature – literary | economy – economic

- literature　　　명 **❶** _____
- literary　　　　형 문학의

She is an expert on modern
literature / literary .

➡ 그녀는 현대 문학의 전문가이다.

© Africa Studio / Shutterstock

- economy　　　　명 경제, 경기
- economic　　　　형 **❷** _____

The local economy / economic isn't
strong.

➡ 지역 경제가 튼튼하지 않다.

© Gts / Shutterstock

답 ❶ 문학 ❷ 경제의

개념 CHECK

우리말을 참고하여 빈칸에 알맞은 단어를 쓰시오.

- I want to major in English Language and _____ .

  나는 영어 영문학을 전공하고 싶다.

답 Literature

- intelligence　　명 지능; ❶ [⬚⬚⬚⬚⬚]
- intelligent　　형 지적인, 똑똑한

He always asks | intelligence /
intelligent | questions.

➡ 그는 항상 지적인 질문을 한다.

ⓒ Idea tank / Shutterstock

- profit　　명 ❷ [⬚⬚⬚⬚⬚], 이익
- loss　　명 손실, 손해; 상실

The company made a huge | profit /
loss |.

➡ 그 회사는 막대한 수익을 올렸다.

ⓒ Pokomeda / Shutterstock

답 ❶ 지성 ❷ 수익

개념 CHECK

우리말을 참고하여 빈칸에 알맞은 단어를 쓰시오.

⬤ _____ from exports rose about 10 percent.

수출을 통한 수익이 약 10% 올랐다.

답 Profit

- destiny 명 운명, 숙명
- fate 명 [❶_____], 숙명

The court's ruling changed his destiny(fate).

➡ 법원의 판결이 그의 운명을 바꾸었다.

© create jobs51 / Shutterstock

- heritage 명 (문화)유산, 전통
- hesitate 동 망설이다, [❷_____]

Our national [heritage / hesitate] was destroyed.

➡ 우리의 국가 유산이 훼손되었다.

답 ❶ 운명 ❷ 주저하다

개념 CHECK

우리말을 참고하여 빈칸에 알맞은 단어를 쓰시오.

- It was our _____ that we met again.

우리가 다시 만난 것은 운명이었다.

답 destiny (fate)

- celebrity 명 ① [   ]

- celebrate 동 기념하다, 축하하다

Let's celebrity / celebrate Brian's birthday!

➡ Brian의 생일을 축하해 주자!

© MarBom / Shutterstock

- nerve 명 신경

- nervous 형 ② [   ], 초조해하는

He looked nerve / nervous behind the stage.

➡ 그는 무대 뒤에서 매우 **불안해** 보였다.

답 ❶ 유명 인사 ❷ 불안해하는

개념 CHECK

우리말을 참고하여 빈칸에 알맞은 단어를 쓰시오.

• He has become an international _____.

그는 세계적인 유명 인사가 되었다.

답 celebrity

- privacy　　　명 [① _____]
- private　　　형 사적인, 개인적인

Everyone's | privacy / private | must be protected.

➡ 모든 사람의 **사생활**은 보호되어야 한다.

© selinofoto / Shutterstock

- disorder　　　명 어수선함; 무질서
- order　　　명 정돈; [② _____]

The classroom is in | order / disorder |.

➡ 교실이 **어수선**하다.

© BNP Design Studio / Shutterstock

답 ❶ 사생활 ❷ 실서

개념 CHECK

우리말을 참고하여 빈칸에 알맞은 단어를 쓰시오.

- We need to have certain rules to keep _____.
  우리는 질서를 유지하기 위해 특정한 규율이 필요하다.

답 order

- opportunity 명 **❶** [   ]
- chance 명 기회; 가능성

I didn't miss the opportunity(chance)
to catch the ball.

➡ 나는 공을 잡을 **기회**를 놓치지 않았다.

- reward 명 보상 동 보상하다
- award 명 **❷** [   ] 동 (상 등을) 수여하다

It is an honor to receive this | reward /
award |.

➡ 이 **상**을 받게 되어 영광이다.

답 ❶ 기회 ❷ 상

개념 CHECK

우리말을 참고하여 빈칸에 알맞은 단어를 쓰시오.

• He received cookies as a(n) _____ for being quiet at dinner.

그는 저녁 식사 때 조용히 한 것에 대한 보상으로 쿠키를 받았다.

답 reward

memo

memo

memo

memo

memo

영어전략